EL TABÚ LINGÜÍSTICO EN MÉXICO:

EL LENGUAJE ERÓTICO DE LOS MEXICANOS

Bilingual Press/Editorial Bilingüe

Studies in the Language and Literature of
United States Hispanos

General Editor
Gary D. Keller

Managing Editor
Karen S. Van Hooft

Associate Editor
Isabel C. Tarán

Editorial Board
Joshua Fishman
Francisco Jiménez
William Milán
Amado M. Padilla
Eduardo Rivera
Richard V. Teschner
Guadalupe Valdés-Fallis
Juan Clemente Zamora

Address:

Editorial
Bilingual Press
Department of Foreign Languages
York College, CUNY
Jamaica, New York 11451
212-969-4047/4035

Business
Bilingual Press
552 Riverside Drive Suite 1-B
New York, New York 10027
212-866-4595

EL TABÚ LINGÜÍSTICO EN MÉXICO:

EL LENGUAJE ERÓTICO DE LOS MEXICANOS

LARRY M. GRIMES

ISBN: 0-916950-10-7
Printed simultaneously in a softcover edition. ISBN: 0-916950-09-3

Library of Congress Catalog Card Number: 78-52419

Printed in the United States of America

Cover design by Richard S. Haymes

For

Ruth and Lowell Grimes;
Tony and Luisa;
Cynthia, Laura, and Patricia

ÍNDICE

PREFACIO

En este estudio he tratado de combinar teorías lingüísticas, socio-lógicas y antropológicas del tabú para aplicarlas al análisis sistemá-tico de los conceptos proscritos en cualquier lengua—en este caso, el español cotidiano de México. La tesis que sustenta este estudio es que los conceptos más virulentos del tabú de cualquier idioma son aque-llos que son objeto de una evasión sistemática (el proceso eufemís-tico) en la conversación "normal" y de una evocación sistemática (los disfemismos y el abuso verbal) en contextos afectivos negativos.

El primer capítulo es original sólo en el sentido de que representa un resumen y coordinación de las aproximaciones teóricas relativas al tabú que van desde las obras de Freud hasta el momento actual. In-cluye una discusión de la naturaleza y función del tabú basada en el concepto de distancia social, su desarrollo histórico en el lenguaje y el proceso lingüístico a través del cual son adoptadas por cada nueva generación de hablantes. Particularmente relevante para esta base teó-rica es el artículo del antropólogo inglés Edmund Leach "Anthropo-logical aspects of language: animal categories and verbal abuse", fre-cuentemente citado. También se analizan la relación entre el tabú y la primitiva "magia verbal" tal como se manifiesta en el lenguaje del hombre moderno, la ambivalencia afectiva y el temor como factor motivante que sustenta la subsistencia de interdicciones culturales tradicionales.

Después de esta introducción teórica general se hace un análisis de los procesos y estructuras lingüísticas específicas a través de los cuales se manifiesta el tabú en el lenguaje. Este análisis incluye la eva-sión de los conceptos proscritos a través de varios mecanismos eufe-místicos, y su evocación en disfemismos y expresiones de abuso ver-bal. También se toman en cuenta fenómenos intermedios o anóma-los, tales como los eufemismos con tendencia peyorativa y términos de abuso verbal debilitados por la pérdida del concepto tabú moti-vante u original (abuso residual).

Finalmente, unas 850 expresiones tomadas de la literatura mexicana moderna y de entrevistas grabadas obtenidas en investigación sobre el terreno se analizan y clasifican en función de su inclusión en campos semánticos específicos; las sub-clasificaciones se basan en los procesos lingüísticos discutidos en el segundo capítulo. Tanto el uso corriente como el desarrollo etimológico se consideran en el análisis de los términos y frases claves. Los últimos luego se estudian desde el punto de vista de su significación psicológica y social en la cultura mexicana moderna.

Capítulo I

LENGUA Y TABU[1]

Como señala el antropólogo Edmund Leach ("Anthropological Aspects of Verbal Abuse", 53), el análisis de las prohibiciones sociales por medio de sus manifestaciones en la lengua representa mucho más que un mero juego intelectual. Nos puede llevar a una mayor comprensión del comportamiento no racional que hemos aprendido de forma inconsciente al aprender nuestra lengua materna. El lenguaje es el instrumento esencial por el cual el hombre asimila los valores culturales de su grupo social. "El niño aprende su cultura porque se le habla, se le regaña, se le exhorta, y todo se hace con palabras" (Lévi-Strauss, *Arte, lenguaje*, 134). Es decir, aprende por imitación la terminología que puede, o debe utilizar, o que sólo se le permite usar en ciertos contextos sociales o estados emotivos. Es por medio del reflejo de aquella terminología en la lengua que el niño va absorbiendo paulatinamente, de forma inconsciente, los valores tabús, aquellos complejos de conceptos, actitudes y emociones negativas evocadas por los actos, acontecimientos, objetos o personas considerados de alguna manera "peligrosos" por la colectividad social.[2] Esos valores representan la experiencia histórica de la comunidad de hablantes ante la realidad cotidiana, y su proceso de formación es una cuestión de siglos. Al cristalizarse, empiezan a reflejarse en los campos léxicos tabús, los sistemas o redes de expresiones emparentadas que son el objeto de una evasión sistemática en algunos contextos sociales y una evocación ritual en otros.[3] Y una vez que tales campos han tomado forma, confieren fijeza y permanencia a los esquemas conceptuales, transmitiéndolos a generaciones futuras para asegurar su adopción a las normas de comportamiento de su sociedad.

Según el antropólogo Edmund Leach, el niño percibe su ambiente como un continuo, sin una fragmentación intrínseca que lo divida en "cosas" diferenciadas ("Anthropological aspects", 34). Al aprender su lengua materna empieza a fragmentar la realidad en elementos u objetos distintos, separados, cada uno con su "etiqueta". Por medio de su reflejo en la lengua aprende los sistemas psicológicos que le dan la capacidad de estructurar y organizar la realidad exterior. Así el mundo es para el niño, aun en términos del aprendizaje social, una representación de las categorías lingüísticas, y no al revés. Si su lengua es el español, le es evidente que "hermana" y "prima" son dos cosas o realidades distintas. Durante ese proceso de fragmentación cognoscitiva el niño absorbe los tabús más arraigados de su cultura.

Podemos representar el continuo que el niño experimenta en la naturaleza por medio de una línea horizontal (véase Leach, 35). Antes de aprender su lengua materna no hay brechas en el mundo exterior:

— — — ——————————————— — — —

Pero al aprender que el mundo se compone de "cosas" distinguidas por sus "nombres" tiene que acostumbrarse a percibir un mundo discontinuo (ibid.)[4].

$$\text{A} \qquad\qquad \text{B} \qquad\qquad \text{C}$$
$$\underline{|\,1\; \_\; a\; \_\; 2\,|}\; \text{I}\; \underline{|\,3\; \_\,^{b}\,\_\; 4\,|}\; \text{II}\; \underline{|\,5\; \_\; c\; \_\; 6\,|}$$

(Nuestra variante del diagrama 3 de Leach, pág. 35).

Si ——————— representa el léxico de una lengua natural, A, B y C son categorías o conjuntos de elementos nombrados por aquella lengua, mientras que I y II indican los segmentos de la realidad que no reconoce, o sea la discontinuidad normalmente impuesta en el hablante por cualquier sistema de lengua.[5] Pero dentro de las categorías A, B y C aparece una tensión entre la lengua, que le aporta al niño los "nombres" para distinguir entre los elementos de la realidad (A1, Aa, A2, B3, Bb, B4, C5, Cc, C6), y la exhortación del tabú de no reconocer aquellos elementos considerados sépticos por la comunidad de hablantes (Aa, Bb, Cc).

Esta tensión determina en el niño la ambivalencia frente a los valores tabús. Al aprender las expresiones proscritas el niño también se condiciona a evitar su empleo en ciertos contextos sociales, sustituyéndolas por deformaciones fonéticas, circunlocuciones u otras expresiones que sólo aluden a la realidad prohibida.[6] Al mismo tiempo, llega a la toma de conciencia de que las mismas expresiones que son el objeto de una prohibición estricta en ciertas circunstancias sociales, le son permitidas en otras. Es decir, aprende por imitación que también hay ambientes sociales y emotivos en los cuales no sólo se permite, sino que se espera, la violación del tabú en el nivel de la lengua.[7] "Incluso podemos formular la proposición aparentemente absurda de que 'el tabú existe para fines de la violación' " (George Bataille, *Death and Sensuality*, 57). Sin embargo, "esa proposición. . .es una afirmación precisa de la conexión inevitable entre emociones antagónicas. . .La frecuencia y la regularidad de las transgresiones no alteran la estabilidad de la prohibición puesto que representan sus complementos esperados" (ibid., 58, 59).

Pero como indica Leach, "la lengua representa mucho más que una simple clasificación de las cosas; de hecho forma nuestro ambiente. . ." ("Anthropological aspects", 36) y plasma los contornos de nuestro mundo social. "Ubica a cada individuo en el centro de un espacio social[8] ordenado de manera lógica y tranquilizadora" (ibid., 36). Es a base de esta ordenación que cada individuo tiene que aprender a construir su propio ambiente, y es de suma importancia que las distinciones fundamentales parezcan bien definidas, sin ambigüedad ninguna. No debe haber duda en cuanto a la diferencia entre "yo" y "ello", entre "nosotros" y "aquellos" (ibid., 34, 35). Aunque el origen de los tabús es desconocido[9] parece ser que su función es suprimir por interdicción las categorías intermedias, ambiguas, que se producen al confluir o entremezclarse dos realidades íntimamente asociadas. Esas zonas de confusión son las que tradicionalmente se consideran peligrosas por ser sagradas o sépticas, y son inevitablemente el objeto de una prohibición de tipo ritual.

En el nivel de la lengua las categorías tabús se pueden sintetizar en la fórmula siguiente: "Si A y B representan dos categorías verbales, y si B se define como 'todo aquello que no es A' (y vice-versa), y si hay una tercera categoría C que media esa distinción al compartir los atributos de A y B, entonces C es una categoría tabú"[10] (Leach, "Anthropological aspects", 39-40). Leach representa esa relación por medio de una variante del diagrama en la página siguiente (ibid., 36).

Según Leach, es debido a la acción del tabú que tanto el individuo como la colectividad social se convencen de que A y B son realidades distintas y separadas, satisfaciendo así la lógica de la discriminación binaria, fundamento de todo proceso psicológico ("Anthropological aspects", 35-56). Indica que el primer problema del niño es identificarse en el proceso de fragmentación de la realidad impuesta por la lengua. En el intento de definir los confines del cuerpo, de identificar-

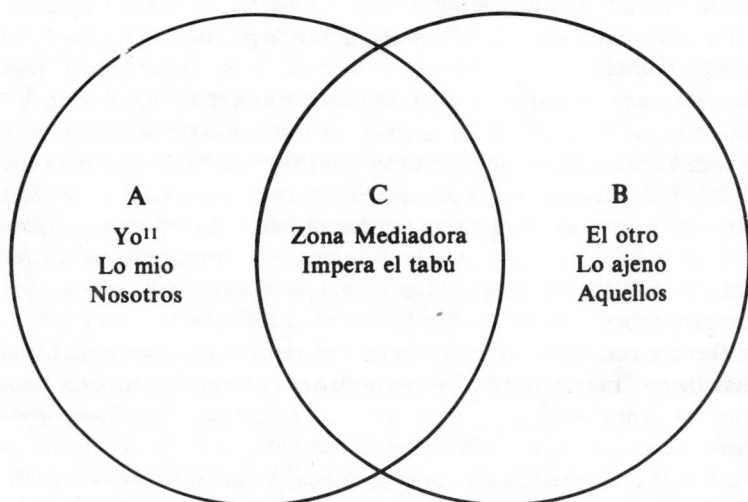

A	**C**	**B**
Yo[11]	Zona Mediadora	El otro
Lo mío	Impera el tabú	Lo ajeno
Nosotros		Aquellos

se como ente físico ante el mundo exterior, se enfrenta con la primera serie de tabús. Al preguntarse "¿dónde están mis límites?" tiene que distinguir entre A—"yo", "lo mío"—y el ambiente inmediato de B— el "no yo", "lo ajeno", "el otro", "aquello" (ibid., 38). Pero en ese proceso de distinción las excreciones corporales (la orina, el excremento, el semen) forman una categoría de suma ambigüedad; son productos del cuerpo que se separan y se expelen al mundo exterior.[12] Puesto que tienen las características tanto de A como de B, las expresiones referentes a esas sustancias forman parte de una categoría mediadora C,[13] y son objetos de una fuerte interdicción tabú. Lo mismo con la actividad erótica y los órganos sexuales, que representan una zona de confluencia y confusión por contacto directo de dos entes físicos. Y como extensión de la identificación sexual, el niño tiene que distinguir entre los posibles objetos de sus deseos y experimentaciones eróticas, entre A, el "yo", y B, "el otro/la otra, objeto sexual con el cual/la cual se toleran las actividades sexuales". La categoría mediadora en este caso es C, "el miembro de la misma familia", y aquí impera el tabú sobre el incesto[14].

Al crecer sus horizontes sociales el individuo se tropieza con nuevos tabús que se reflejan en la lengua y que son corroborados por las instituciones que le rodean. Por ejemplo, en el artículo citado, Leach aplica su teoría a las creencias religiosas. Lógicamente, la vida es simplemente la antítesis binaria de la muerte; los dos conceptos representan dos caras de la misma moneda. Pero la religión intenta separarlas al postular otra esfera "más allá", un "otro mundo" hipotético. Luego construye un continuo entre este mundo y el otro, donde reina un dios que representa la antítesis binaria del hombre. Es decir, mientras este mundo está habitado por hombres mortales e imperfectos, aquel otro se puebla de seres (no-hombres) perfectos, inmortales. Pero aunque un dios remoto, parte de otro mundo, puede ser razonable desde el punto de vista de la lógica binaria, no satisface las necesidades afectivas del creyente. Los dioses son útiles sólo cuando el hombre los siente cerca. Entonces la ambigüedad tabú llena esa distancia con entes sobrenaturales que tienen características humanas (seres "más como yo")—divinidades encarnadas, madres vírgenes, monstruos que son mitad animal, mitad hombre. Esas figuras ambiguas, marginales están específicamente dotadas del poder de mediar entre los hombres y los dioses ("Anthropological aspects", 38-39). Y del mismo modo, en esta concepción del mundo la muerte también es objeto del tabú al entenderse no como el fin de la vida, sino como proceso de transición entre dos mundos.

Puesto que son el producto del acondicionamiento social inconsciente, y no de la reflexión racional, las categorías tabús perviven en el lenguaje del adulto. En su niñez el hombre las aprende como parte de un lenguaje "mágico" estructurado sobre la forma prelógica del pensamiento—característica que comparte con el lenguaje del hombre precientífico. Ignorante del nexo arbitrario e ideal entre lenguaje y realidad, la conciencia lingüística primitiva concibe la palabra como parte íntegra del objeto que denota.[15] No se trata ya de una simple asociación, sino de la identificación total de la forma lingüística con la cosa que designa: el nombre de la muerte es la muerte. Y según la lógica del proceso corolario que Malinowski ha denominado la "magia verbal", el símbolo lingüístico, como extensión de la realidad que nombra, puede ser manipulado para dominar y transformar aquella realidad.[16] En esta percepción de la vida, "...la palabra...está dotada de poderes misteriosos y ejerce una influencia física y sobrenatural inmediata...puede cambiar la naturaleza de las cosas...[y] compeler a la voluntad de los dioses o los demonios..." (Cassirer, *Antropología filosófica*, 204).

El impacto psicológico de los sistemas tabús en el niño durante esta etapa inicial del desarrollo lingüístico es tal que su virulencia y poder mágico se mantienen inalterados durante el resto de su vida. De hecho no se eclipsa la función mágica de la palabra[17] aun cuando el hablante se condiciona a su función semántica. Esto se manifiesta en su forma más pura en lo que Lévi-Strauss ha denominado el "lenguaje abstracto"[18], el cual incluye el lenguaje psicológico que "permite al hombre enlazar los restos sensoriales de las representaciones verbales a sus procesos internos" (*Arte, lenguaje*, 95). La historia humana ha producido varias maneras de pensar y modos de comportamiento técnicos con sus formas concomitantes de hablar. En efecto, todo sistema general de lenguaje representa la acumulación de varios subsistemas, cada uno con sus normas tradicionales, producto de otra etapa del desenvolvimiento intelectual del hombre. Al desarrollarse las facultades cognoscitivas del niño, éste va descubriendo los múltiples sistemas menores ya cristalizados en su cultura; éstos varían desde el lenguaje de la tecnología y la ciencia por un lado hasta los lenguajes de la religión, las fórmulas mágicas, la publicidad y la oratoria política por el otro (Malinowski, "Language", 77). Los últimos, como las expresiones injuriosas, se basan en la "metáfora creadora de la magia". Por medio de la repetición incesante de fórmulas estereotipadas o "rituales" compuestas de afirmaciones contrarias a la realidad—sean ideológicas o afectivas ("¡Puerco!", "¡Hijo de puta!", "¡Mierda!")—el hablante quiere alterar aquella realidad, o por lo menos dar la impresión de que la ha alterado.[19]

Pero como indica el mismo Malinowski es también esta creencia en el poder mágico de la palabra y su fuerza creadora la que organiza las empresas, inspirando al sistema legal y social e infundiendo la esperanza en los individuos. Para integrarse en las instituciones de su comunidad, el ciudadano común tiene que asimilar esta creencia, aunque tiene su fundamento en la falsa ilusión de que el nexo entre el signo lingüístico y su referente representa una conexión auténtica y material. En efecto, la veracidad y el honor de los miembros de la colectividad social aumentan en proporción a la creencia individual en el carácter místico y la inviolabilidad de la palabra (véase "Language", 75).

La ambivalencia afectiva que ha caracterizado los tabús desde su origen se recrea también en cada nueva generación de hablantes. "No vemos, en efecto, qué necesidad habrá de prohibir lo que nadie desea realizar; aquello que se halla severamente prohibido tiene que ser objeto de un deseo" (Freud, *Totem y tabú*, 54). Freud insiste en que el hombre, en su inconsciente, no desearía otra cosa que violar el tabú, pero al mismo tiempo teme hacerlo. "Lo teme, precisamente, porque lo desea, y el temor, inconsciente en cada caso individual, es más fuerte que el deseo" (ibid.). En este ciclo incesante de recuerdo y tentación, la lengua tiene múltiples funciones de naturaleza sumamente ambigua. La misma palabra "tabú" encierra una aparente contradicción, visto que se aplica tanto a aquellos fenómenos prohibidos por ser sagrados como a los que se consideran sépticos. Gráficamente podemos representar esa indiferenciación, y la ambivalencia mencionada anteriormente, de la manera siguiente:

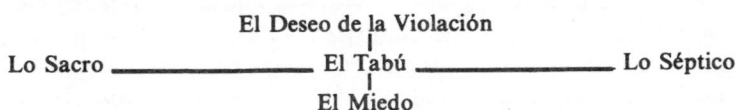

El Deseo de la Violación

Lo Sacro ———————— El Tabú ———————— Lo Séptico

El Miedo

Pero al especificar las zonas de peligro por la localización, la identificación y la clasificación de las transgresiones sociales, la lengua también mantiene viva la tentación de cometerlas. Y esta contradicción, a su vez, incluye otra: si por un lado puede impulsar al hombre a violar los tabús en el nivel de la acción extraverbal, por el otro le ofrece la alternativa de transgredirlos en el nivel del comportamiento verbal, así disminuyendo radicalmente la gravedad de las consecuencias sociales. La evocación del tabú en forma de injuria permite al hablante agredir al contrincante y desahogarse de la agresividad sin recurso a una violencia social mayor, o lleva directamente a la confrontación de tipo físico. De hecho, aunque la función primordial de las categorías tabús es suprimir las realidades de naturaleza ambigua, éstas han sido mantenidas en vigencia durante siglos de historia humana precisamente por su institucionalización en el sistema de la lengua.

Algunos lingüistas han pretendido encontrar una disminución progresiva del tabú en las lenguas occidentales modernas. Vendryes (*Language*, 20), al mismo tiempo que reconoce el eufemismo como forma cultivada del tabú verbal, insiste en que la civilización moderna ha superado el uso de las palabras con carácter místico—esos "restos del barbarismo". Con tal afirmación sigue la pauta de los pensadores de tendencia racionalista. Para William Robertson Smith, uno de los primeros investigadores del tema, el tabú representaba una de las formas más despreciables de la superstición primitiva; negaba su influencia no sólo en las culturas europeas, sino también en el espíritu de la religión hebrea.[20] Frazer, citado más tarde por Freud, creía encontrar el origen de los sentimientos morales de las sociedades "avanzadas" en un sistema original de tabús. Pero si aquel sistema produjo "las frutas doradas de la ley y la moralidad", sus restos también proveían "los cámbaros agrios y cáscaras vacías de la superstición popular que satisfacen el hambre de los marranos de las sociedades modernas" ("Taboo"). Freud mismo afirmaba la eliminación progresiva del tabú, que consideraba sólo un síntoma de transición entre la vida psíquica del primitivo y la del hombre "civilizado".

Sin embargo, el afirmar una dicotomía tajante entre el pensamiento salvaje y el civilizado refleja un problema de la relación entre las teorías científicas y la cultura más que una comparación de dos modos históricos de pensar. Como indica Lévi-Strauss, en esta relación "la mente del investigador parece jugar un papel tan importante como la mente del grupo estudiado" (*Totemism*, 1). Es como si se quisiera, bajo capa de la objetividad científica, convertir a los llamados "primitivos" en seres inferiores, caracterizados por una intensa irracionalidad cuya supuesta eliminación comprobara el progreso—y en última instancia, la superioridad—de las culturas europeas. El antropólogo francés cree que tal actitud se puede explicar por una tendencia ". . .común a varios ramos de la ciencia a fines del siglo XIX, de aislar y repudiar ciertos fenómenos humanos—como si constituyeran una entidad natural—que los pensadores consideraban ajenos a su mundo de valores morales e intelectuales" (ibid.).

Pero en realidad no hay evidencia ninguna para sostener la tesis de la desaparición de los sistemas tabús a base de cambios cuantitativos o cualitativos en la naturaleza del pensamiento humano. Al contrario, los tabús se encuentran entre aquellos fenómenos culturales más resistentes a los efectos corrosivos del tiempo. La supervivencia de las categorías conceptuales tabús, junto con los mecanismos de evasión y evocación que las caracterizan en el nivel del habla, confirman una vez más que nuestras semejanzas al llamado "hombre primitivo" son todavía más numerosas que nuestras diferencias.

Tampoco hay que confundir los cambios provisionales en el nivel de las normas sociales con las alteraciones en la vigencia del tabú mismo. Las sociedades parecen fluctuar entre dos extremos, uno severamente moralista y el otro de un exagerado abandono en el comportamiento social. Durante una etapa moralista las normas sociales dictan un respeto excesivo ante los conceptos tabús, con la consiguiente proliferación de los eufemismos, sobre todo entre las clases medias y altas. Tal fue el caso de la sociedad victoriana, o la de los "precieuses" franceses del siglo XVII. Las épocas de tolerancia social, por su parte, producen el efecto contrario, o sea la debilitación temporal de las inhibiciones que rigen el empleo de los disfemismos tabús en su sentido recto o "técnico", y aun las expresiones de abuso verbal. Sin embargo, en ninguno de los dos casos queda afectado el vigor histórico del tabú; es decir, lo que varía no es la naturaleza o la longevidad de los campos prohibidos, sino la actitud de los hablantes ante aquellos campos. Y esta actitud fluctuante se refleja, como es de suponer, en el nivel del comportamiento lingüístico.

Los campos semánticos tabús pueden dividirse en dos grupos generales. Primero hay aquellos que podemos denominar "transparentes", en el sentido de que su motivación por el miedo resulta de sus consecuencias sociales inmediatas. En el nivel de la lengua los términos que se refieren a tales fenómenos son objeto de evasión eufemística en contextos sociales muy limitados, generalmente cuando afectan directamente a los participantes en la conversación. Incluyen las expresiones referentes a las ocupaciones, la edad, la reprimenda, la codicia, la embriaguez, los actos criminales, la mentira, la condición económica, la violencia física, la huida, la cárcel, la policía y los fenómenos políticos.[21] En oposición a estas prohibiciones sociales—algunas de las cuales se racionalizan y se justifican en los códigos legales—se encuentran los tabús por excelencia, las interdicciones tradicionales que resultan del temor ancestral y que carecen de todo fundamento lógico inmediato. Estos abarcan las expresiones referentes a las enfermedades, la muerte, los defectos físicos y mentales, los animales, los fenómenos sobrenaturales, el cuerpo y algunas de sus funciones y productos y los actos sexuales.

Cabe señalar aquí que el factor motriz de las dos categorías de prohibiciones señaladas es el miedo—sea consciente o inconsciente. Algunos lingüistas han confundido la motivación psicológica de los tabús lingüísticos con las normas sociales que rigen el comportamiento lingüístico en un momento dado, o aun con motivaciones psicológicas secundarias. Ullmann (*Lenguaje y estilo*, 107), por ejemplo, divide los tabús tradicionales en tres categorías: los que se inspiran en el miedo (los muertos, el nombre de Dios, el nombre del diablo), los dictados por un sentimiento de delicadeza (la enfermedad, la muerte, las deficiencias físicas o morales) y los dictados por la decencia y el decoro (las referencias al sexo, los nombres de partes y funciones del cuerpo y las palabras injuriosas[22]). Pero en realidad los términos incluidos en las dos últimas categorías ofenden los sentimientos de delicadeza y decencia precisamente porque reflejan conceptos que tradicionalmente provocan un miedo inexplicable en el oyente (en combinación con la vergüenza en el caso del sexo y las funciones corporales). Como indica Steiner, "todo análisis del tabú es, en cierto sentido, un análisis de la sociología del peligro, puesto que el tabú es el fundamento de toda situación donde las actitudes ante los valores se expresan en términos del comportamiento social engendrado por el peligro" (*Taboo*, 21).

A su vez, los tabús tradicionales pueden dividirse en dos grupos generales según su manifestación en la lengua: (1) los que provocan un proceso de evasión eufemística en la conversación normal al mismo tiempo que se evocan (se violan) en las expresiones de abuso verbal (las injurias), y (2) los que se limitan a generar el proceso eufemístico. Entre los primeros se encuentran los tabús sobre el cuerpo y los actos sexuales—categorías verbales que nos proponemos estudiar parcialmente en las últimas páginas de este estudio. Fuera de los dos campos señalados, tradicionalmente las injurias parten también del tabú sobre los animales y del tabú religioso (o sobrenatural). Los nombres de los animales representan una anomalía entre las categorías prohibidas, puesto que sólo se evocan para fines de agresión o denigración verbales ("perro", "burro", "puerco", "gato", etc.)[23]. Aunque persiste el empleo de los eufemismos referentes a ciertos animales en las regiones aisladas o rurales, tienden a desaparecer en el habla de las grandes urbes y entre los hablantes de las clases medias y cultas.[24]

El tabú religioso en México representa lo que Leach ha denominado un tabú "inconsciente" ("Anthropological aspects", 24), un tabú que nunca se debe violar bajo ninguna circunstancia social. Los conceptos religiosos (Dios, la virgen, los santos, el diablo, los espíritus malignos, etc.) son objeto de evasión eufemística sistemática, pero la naturaleza y la intensidad de la religiosidad mexicana[25] eliminan la posibilidad de expresiones blasfemas de tipo norteamericano ("Goddamn it!" "Goddamn you!"[26]) o peninsular ("¡Me cago en la hostia. . .en la virgen. . .en los santos!").

Otras categorías tabús que sólo se manifiestan en el nivel del eufemismo son las enfermedades, la muerte y los defectos mentales y físicos—con una curiosa excepción en el caso de la última categoría. En México es común entre los amigos aplicar apodos despectivos basados en los rasgos físicos anormales o exagerados de sus portadores. Tales designaciones son profundamente ambivalentes, puesto que por un lado reflejan la malicia de sus inventores, pero por el otro, como las expresiones injuriosas aplicadas a los niños, representan la inversión del tabú para expresar cariño. Ejemplos del fenómeno en cuestión son los siguientes: "Cabeza de Cerillo" (por su tamaño reducido); "la Calaca" (por su flaqueza y aspecto moribundo); "la Flaca"; "la Gorda"; "el Gorila (por la forma del cuerpo y la fealdad); "la Iguana"; "Mirada de Gato"; "Medio Kilo" (referente al tamaño del miembro viril); "Ramón el Mocho" (porque le falta una pierna) o "el Mochito"; "la Muerta" (por flaca y pálida); "el Nopalito" (por ser calvo); "Ojos de Alcancía"; "Ojos de Chale"; "Ojos de Rendija"; "el Oso" (por la forma del cuerpo y por ser torpe); "el Patotas" (por el tamaño de los pies); "la Perra"; "el Poca Luz" o "el Media Luz" (por ser tuerto); "el Puerco" (por ser gordo y con una cara semejante al animal nombrado); "la Rata" (por ser flaca y mal vestida); "el Sapo"; "el Tapado" (referente a un homosexual; un término que también se aplica al candidato a la presidencia de México antes de ser descubierto al público); "el Tartamudo".

Capítulo II

MANIFESTACIONES DEL TABU
EN LA LENGUA

Todo estudio del tabú lingüístico tiene que tomar en cuenta dos mecanismos fundamentales: la evocación de los conceptos proscritos, y su evasión por medio de formas sustitutivas. Pero antes de analizar los resultados de estos procesos hay que distinguir entre los tipos o clases de significación transmitidos por las formas lingüísticas.[27] Por un lado la significación conceptual consiste en la "información" que aporta una forma y que representa su valor puramente referencial, comunicativo. Es en virtud de la ordenación de objetos y relaciones que el signo lingüístico es un "símbolo" que tiene un valor "representativo".[28] A esta capacidad referencial del signo se le suele llamar su "función denotativa".

A su vez, la significación conceptual representa un conjunto o complejo de significados "institucionales" (conceptos descriptivos o cognitivos, según Baldinger) del signo que son compartidos por una comunidad de hablantes.[29] Cuando un significado particular dentro del complejo se realiza en un contexto dado, también están virtualmente presentes, en la conciencia del hablante y del oyente, todos los otros conceptos descriptivos potenciales que constituyen el núcleo conceptual del signo en cuestión.[30] Por ejemplo, en México el término "coger" empleado en su sentido de 'asir' o 'agarrar' también puede evocar los significados descriptivos secundarios 'tomar', 'apoderarse', 'contener', 'ocupar', 'subirse', 'alcanzar', 'adelantar', 'experimentar'. . .y, sobre todo, su acepción erótica 'copular'.

Pero este núcleo conceptual también está rodeado de un halo de asociaciones secundarias[31] que son de tipo formal[32] ("escoger" se asocia con "coger"), ideológico ("rojo" puede evocar el concepto de 'peligro'), afectivo ("coco" empleado con referencia a la cabeza evoca humor) y social ("fósforo" por "cerilla" o "cerillo" identifica al hablante como proveniente de la región del Caribe). Tales asociaciones secundarias suelen clasificarse bajo la rúbrica algo vaga de "connotaciones" o "elementos pragmáticos".[33] Bühler (*Teoría*, 55 y ss.) incluye las connotaciones cuando habla del signo como "síntoma" (indicio) en virtud de su dependencia del emisor, cuya interioridad expresa, y "señal" en virtud de su apelación al oyente, cuya conducta interna o externa dirige.

Según la terminología que escoge para expresar sus ideas, y su manera de producirla, el hablante se deja identificar en cuanto a sus orígenes geográficos, su clase socio-económica (y, en algunos países, su raza), su edad, su profesión y en algunos casos incluso su religión y su pertenencia a un partido político determinado.[34] Además de los factores sociales, la misma terminología refleja el estado emotivo del hablante por medio de la intensificación, el humor, la ironía, la parodia y su valor laudativo o peyorativo. Ambos tipos de categorías pragmáticas (o "connotativas") representan una especie de lenguaje tácito o secundario que influye al oyente tanto como la pura información que percibe por medio de los signos lingüísticos.

A su vez, las connotaciones afectivas señaladas son el producto del contenido simbólico del signo, y representan juicios de valor relativamente estables y permanentes. "Tonto", por ejemplo, tradicionalmente denigra las facultades intelectuales del individuo al cual se aplica, y a base de tal denigración el término contrae un valor afectivo negativo. En el caso de la mayoría de las expresiones tabús la nota de afectividad negativa ha sido generada por la actitud histórica de la colectividad social ante el contenido simbólico "peligroso" que transmiten. Este fenómeno se hace obvio en el caso de términos como "joder", "culo" o "mierda", cuya afectividad negativa se manifiesta en todos sus usos y valores. Pero también hay formas que reflejan tabús parciales.[35] En estos casos de polisemia[36], es el contexto el que actualiza tanto el contenido simbólico tabú como sus connotaciones negativas concomitantes. Por ejemplo, si uno dice que "esa señora es madre de cuatro hijos" se actualiza el contenido simbólico 'mujer que ha procreado' y sus connotaciones institucionales positivas ('el cariño', 'bondad', etc.). En México al lanzar la injuria "¡Tu madre!" (forma abreviada de "¡Chinga tu madre!") se evoca el mismo contenido simbólico, pero ya cargado de connotaciones sumamente negativas ('la violación', 'el incesto') que expresan el desprecio, el enfado o el disgusto del hablante, y pueden provocar la violencia física en el oyente. Claro está, el valor semántico de los signos lingüísticos está en flujo constante, y en el caso de las formas parcialmente proscritas la tendencia es que el tabú se extienda hasta desplazar los significados y las connotaciones positivas. En tales casos se buscan formas sustitutivas para reemplazar el término tabuizado en su sentido recto. En México ya se evita el término "madre" en favor de la expresión "mamá". Y "agarrar" ha reemplazado a "coger" en su valor de 'asir, tomar', puesto que la acepción erótica del término ha tendido a desplazar sus signicados neutrales o positivos.

Dentro del proceso de la evocación lingüística del tabú podemos discernir dos categorías de expresiones. La primera consta de los disfemismos (del griego *dys* = 'mal' y *phemi* = 'hablar'), en los cuales predomina el contenido conceptual sobre el contenido afectivo y el valor referencial o informativo sobre el valor emotivo. Los disfemismos incluyen aquellos términos que representan la expresión popular recta, aunque dura y malsonante, de los conceptos tabús (por ejemplo, "mear" o su forma popular "miar" = 'orinar', "cagar" = 'defecar', y "coger" = 'copular'). Los hablantes tienden a restringir el uso de tales formas a contextos sociales muy limitados. Igualdad de sexo, un alto grado de intimidad social y la rivalidad masculina en el nivel del comportamiento verbal parecen ser los tres factores que determinan el empleo de los disfemismos tabús. Es decir, su uso aumenta en frecuencia en grupos compuestos de miembros del mismo sexo (y más entre los hombres), entre parientes, amigos íntimos o compañeros de trabajo y, sobre todo, en aquellos ambientes donde reina el llamado "machismo"—el deseo de comprobar y lucir las cualidades y virtudes masculinas.[37] También son disfemismos aquellas expresiones de connotación negativa que, sin ser fórmulas injuriosas estereotipadas, sustituyen a términos positivos o neutrales.[38] Aun hay casos en que tales formas intensifican la aspereza de los conceptos tabús mismos ("abrir las piernas" = 'copular').[39]

La segunda categoría de expresiones tabús la constituyen las injurias o "expresiones de abuso verbal"[40] en las cuales predomina el valor afectivo del signo sobre su valor conceptual o referencial. O, empleando otra terminología, el semema de síntoma y señal (*language-suggestion*) aumenta su función a costo del semema simbólico (*language-sign*). Expresan los sentimientos más negativos y violentos del hablante al evocar las prohibiciones más severas de su cultura para calificar a sus objetos en términos condenatorios.[41] Aunque su función principal es expresar la interioridad del hablante, algunas de estas expresiones también aportan cierta "información" por un concepto mediador al mismo tiempo que denigran a su objeto. El "chingado", por ejemplo, es cualquier víctima de la adversidad ('el pobre', 'el enfermo', 'el herido', etc.), pero se aumenta enormemente la aspereza de aquellos conceptos al sustituir la expresión normal por un término que evoca la violación sexual y, por extensión, el homosexualismo figurado (véase la sección 24 del capítulo III). La expresión "huevón" evoca el tabú sobre el miembro viril para intensificar la afectividad negativa del concepto 'flojo', y el término "pendejo", antes de perder su concepto motor proscrito, se refería al vello púbico para incrementar la hostilidad de los conceptos 'torpe', 'estúpido' o 'cobarde'.[42]

Además hay fórmulas injuriosas que no reemplazan a otras expresiones, que no califican a otros conceptos, sino que evocan el tabú exclusivamente para expresar el estado emotivo del hablante y/o para retar al contrincante. Tal es el caso de las exclamaciones injuriosas ("¡Mierda!", "¡Culo!"), las frases interjectivas ("¡Hijo de la chingada!") y los desafíos y fórmulas de rechazo ("¡Chinga tu madre!").[43]

Las expresiones de abuso verbal aparecen en aquellos contextos sociales donde la afectividad o agresividad del hablante provee lo que podemos denominar las "condiciones rituales" para contrarrestar las inhibiciones impuestas por el tabú. En una especie de acuerdo social tácito, se espera que el hablante, bajo la influencia de las emociones fuertes (la ira, el miedo, la irritación en grado intenso, el enfado, la sorpresa, etc.), o en situaciones sociales conflictivas, puede—y aun debe—expresarse evocando los conceptos más negativos de su herencia cultural.

Pero en la mayoría de los contextos sociales impera el tabú y provoca un proceso de evasión lingüística. Por medio de ese proceso el hablante alude al concepto proscrito sustituyendo su expresión normal, malsonante, con otra cuyas connotaciones son positivas, neutrales o menos ásperas que las del término sustituido. Esas expresiones sustitutivas son los eufemismos (de *eupheemismos, eu* = 'bien' y *phemi* = 'hablar').[44] Claro está, este "hablar bien" es un fenómeno relativo que depende de la relación entre el eufemismo y la forma tabú. Son comunes, por ejemplo, aquellas expresiones eufemísticas de tendencia peyorativa que, al reemplazar a vocablos prohibidos, atenúan los conceptos tabús al mismo tiempo que los condenan por medio de un juicio de valor negativo (véase la sección 22 del capítulo III). Aquí pensamos en casos como "hacer la maldad" por "coger" ('fornicar'), que sólo se puede considerar una forma de "hablar bien" si se juzga desde la perspectiva de la forma tabú que reemplaza.

Larry M. Grimes

El eufemismo tiene una doble función. Por un lado permite la comunicación del concepto prohibido a pesar de la inhibición impuesta en su expresión por el tabú. Su función principal es referencial, o sea la transferencia de "información" (el concepto proscrito).[45] En otras palabras, su valor conceptual predomina sobre su valor afectivo. Pero al mismo tiempo la acción de la expresión sustitutiva disfraza y neutraliza el concepto prohibido, volviéndolo abstracción. El concepto tabú ya no se evoca directamente, sino que sólo se sugiere por el concepto mediador expresado por el eufemismo. Cuando "coger", por ejemplo, es sustituido por "hacer la cosa", el hablante simultáneamente disfraza y comunica el concepto 'copularse' empleando el concepto mediador 'ejecutar un acto cualquiera'. Para que el oyente entienda el verdadero sentido del eufemismo, la distancia entre el significado prohibido y el significado mediador tiene que llenarse de tres maneras: (1) por la relación entre los significados (conceptos) mismos, que es generalmente una relación de similitud (metáfora) o de contigüidad (metonimia); (2) por la relación entre los significantes, o sea las formas lingüísticas que expresan los significados (la paronimia, la elipsis, la abreviación, etc.); y (3) el contexto lingüístico y/o social.

Es de suma importancia distinguir entre las varias manifestaciones del tabú en la lengua. En su obra *American-Spanish Euphemisms*, Kany, por ejemplo, ignora la función del disfemismo y la injuria. El resultado es una confusión en cuanto a la naturaleza de lo que el lingüista norteamericano denomina "eufemismo", y la inclusión en esta categoría de una serie de términos que se encuentran lejos de expresar con suavidad o decoro ideas cuya expresión recta sería dura o malsonante. En vista de este hecho se esperaría una nueva definición del término "eufemismo", pero la que aparece es la tradicional:

> A euphemism is the means by which a disagreeable, offensive or fear-instilling matter is designated with an indirect or softer term. Euphemisms satisfy a linguistic need. For his own sake as well as that of his hearers, a speaker constantly resorts to euphemisms in order to disguise an unpleasant truth, veil an offense, or palliate indecency (*Am.-Sp. Euph.*, V).

Según su propia definición es difícil entender como Kany puede clasificar como "eufemismos" injurias tan virulentas como "culear", "chimbear"[46] o "chingar"[47] ('fornicar'), "cabrón" ('alcahuete') e "hijo de la chingada"—para señalar sólo algunos (ibid., 185, 171, 177).[48]

Los disfemismos y las injurias representan fórmulas estereotipadas y estables frente a los eufemismos, que son susceptibles de cambiar con extraordinaria rapidez. El eufemismo puede ser producto del momento, puesto que su significado generalmente se puede desprender del contexto lingüístico, dejando así lugar para el espíritu creador y la imaginación innovadora del hablante individual. Pero incluso cuando el uso de un nuevo eufemismo se generaliza, su vigencia tiende a ser algo limitada. Al reemplazar a una expresión tabú, el eufemismo comienza a asociarse en la mente de los hablantes con el significado séptico que antes disfrazaba, hasta ser contaminado por él. En ese momento pierde su cualidad neutralizadora y es abandonado o se convierte en una nueva forma tabú.[49]

Pero es todo lo contrario en el caso de los disfemismos y las injurias, cuyo sentido e intención tienen que trasladarse del nivel individual al nivel colectivo. Además, su eficacia depende de un largo período de consenso social, su aprendizaje por cada nueva generación de hablantes y el refuerzo continuo de la asociación entre el concepto prohibido y una forma (o fórmula) lingüística específica.[50] Al perder esta asociación histórica, la expresión se deja de utilizar, o se convierte en una forma injuriosa residual que sólo retiene el valor afectivo que data del concepto prohibido.[51] Así las formas tabús no pueden ser productos originales, sino que datan directamente del latín, o son antiguos vocablos o patrones metafóricos y metonímicos algo deslucidos y gastados. De hecho, se encuentran entre los elementos más duraderos del lenguaje al constituir verdaderos ritos verbales cuya transformación o evolución es una cuestión de décadas, si no siglos.

Los eufemismos[52]

A. *Eufemismos que resultan de la relación entre los significados*

A.1. *La metáfora.* Los eufemismos por metáfora son tropos en los que una expresión que se refiere a un concepto de connotaciones positivas o neutrales sustituye a otra, portadora de un concepto tabú. Ese proceso de asociación y subsecuente sustitución resulta de una semejanza[53] entre los dos conceptos a base de la apariencia, calidad, actividad, función o efecto perceptivo o emotivo de las realidades que reflejan.[54] El fin de esa transferencia es, como señalamos antes, la simultánea atenuación y comunicación del concepto prohibido por medio de un proceso de evasión lingüística. Es esta clase de eufemismo la que más abunda en el habla popular. Ejemplos son: "cortar flores" = "cagar" ('defecar'); "atornillar" = "coger" ('fornicar'); "pájaro" o "chile" = "verga" ('pene'); "anillo" = "culo" ('ano').

Larry M. Grimes

A.2. *La Metonimia.* Los eufemismos por metonimia se basan en la asociación por contigüidad de las realidades (y, en consecuencia, de los conceptos) reflejadas por la expresión tabú y la forma eufemística.[55] Es decir, el vocablo proscrito es sustituido por un término de connotaciones positivas o neutrales que designa una realidad concomitante del objeto o la acción tabú: "acostarse con alguien", "irse a un hotel", "darse gusto" = "coger" ('fornicar'); "el de hacer niños" = "la verga" ('pene'); "el flujo", "la sangre" = ('la menstruación').

A.3. *Las expresiones de sentido general.* La forma tabú es sustituida por una expresión portadora de un concepto vago, impreciso, por la generalidad de la realidad que representa. Guérios denomina este tipo de eufemismo una "expresión genérica de sentido restringido" (*Tabús*, 21), mientras Havers se refiere al mismo fenómeno como la "huida para la generalidad" (*Neuere Literatur*, s.p., citado por Guérios, *Tabús*, 21). De hecho, estas expresiones son de sentido tan amorfo que sin la ayuda del contexto lingüístico y/o social perderían toda capacidad de aludir al concepto prohibido. Como es de esperar, su empleo abunda en el habla cotidiana por su inocuidad y su consecuente poder atenuador. Algunos ejemplos son: "hacerlo", "hacer la cosa" = "mear", "miar" ('orinar'), "coger" ('fornicar') o "cagar" ('defecar'); "la cosa" = ('la vulva de la mujer') o "verga" ('pene'); "el asunto" = "el culo" ('ano').

A.4. *Pronombres y adverbios.* Son comunes las formas pronominales y adverbiales como sustitutos de las expresiones tabús, a menudo en combinación con las expresiones de sentido general: "hacer aquello" = "coger" ('fornicar'); "allá", "aquello", "eso" = "la verga" ('pene') o ('la vulva').

A.5. *Las expresiones infantiles.* Aunque no son muy comunes, estas expresiones son sumamente eficaces para disfrazar los conceptos tabús. Sus connotaciones positivas o neutrales se derivan de su empleo "normal" en un ambiente infantil: "hacer pipí" = "mear" o "miar" ('orinar'); "hacer caca" = "cagar" ('defecar'); "jugar al papá y la mamá" = "coger" ('fornicar'). La onomatopeya interviene con frecuencia en esas formas.

A.6. *Las expresiones cultas o científicas.* Los eufemismos cultos o "científicos" tienen el mismo sentido que las formas populares que sustituyen, pero sus connotaciones son mucho menos ásperas debido a su empleo normal en un ambiente social donde se pretende ser más "objetivo" ante los conceptos considerados sépticos. Su valor atenuador depende de la misma infrecuencia de uso en el medio popular. Ejemplos comunes son "orinar" = "mear" o "miar"; "defecar" = "cagar"; "fornicar" = "coger"; "testículos" = "huevos"; "masturbarse" = "hacerse chaqueta".

A.7. *Los nombres propios.* Al designar los órganos sexuales los hablantes a veces los personifican con nombres propios comunes, así atenuando los conceptos prohibidos por medio de la aplicación de términos cariñosos. Los ejemplos más comunes son "Filiberto" y "Paco" empleados referentes al miembro viril, y "Doña Josefa", que designa la vulva de la mujer. "La Manuela" referente a la masturbación es un nombre propio que también incorpora la metonimia (el instrumento por la acción) y la paronimia ("mano").

A.8. *Préstamos de lenguas extranjeras.* Para el hablante común la forma sustitutiva extranjera es exenta de toda connotación negativa, aunque entienda el concepto proscrito que comunica. Estas expresiones son de muy poca frecuencia en el habla popular: "hacer foquifoqui" (del inglés "fuck") = "coger" ('fornicar'); "cuita" (del nahuatl "cuitlatl" = 'mierda').

B. *Eufemismos que resultan de la relación entre los significantes (las formas lingüísticas).*

B.1. *Eufemismos por elipsis.* La elipsis es un fenómeno que resulta de la contigüidad de los signos en los patrones sintácticos. En el caso de los tabús, es una práctica común eliminar los términos ofensivos, dejando que el contexto evoque la expresión ausente: ". . .se metía la mano a la bolsa y empezaba. . .luego, luego" = se elimina "hacerse chaqueta" = ('masturbarse'); "Yo le decía —Los hombres nomás juegan con una, ¿por qué se han de casar?— Entonces ella me decía: —Así son y tienes que dejarte. . ." (Lewis, *Los hijos*, 49) = se elimina "coger" = ('fornicar'); "Así hay que dejarlas hasta el día en que uno sienta que ya se les están quemando las habas por saber a qué hora y a dónde. . ." (Leñero, *Los albañiles*, 12) = se elimina "uno les va a coger". No incluimos aquí la elipsis en los patrones institucionales injuriosos ("¡Hijo de la. . ." = "¡Hijo de la chingada!"; "¡Hijo de tu. . . madre!" = "¡Hijo de tu puta madre!"). Tales abreviaciones se reconocen inmediatamente, y tienen casi el mismo impacto psicológico en el oyente que la expresión completa.[56] Tampoco consideramos eufemismos a los términos tabús que han sufrido la reducción fonética ("¡Ching. . .!" = "¡Chinga!"; "¡Chin. . .tu ma. . .!" = "¡Chinga tu madre!'") puesto que su intento es transparente y la disminución de su aspereza emotiva es mínima.

Sólo cabe añadir aquí que las abreviaciones están íntimamente ligadas a las restricciones semánticas producidas cuando una expresión de sentido general sustituye a una forma tabú: "hacer la cosa (¿sexual?)" = "coger"; "la excitación (¿sexual?)"; "tener ganas (¿de coger?)", etc.

B.2. *Los parónimos.* La paronimia resulta de la similitud fonética de las formas lingüísticas. En el caso de los eufemismos por paronimia, la forma sustitutiva duplica en parte a la estructura fonética del vocablo tabú para aludir al concepto proscrito. Se dice, por ejemplo, "¡Chispas!", "¡Chihuahua!" o "¡Chirrión!" por "¡Chingada!", y antes, "¡Carijo!", "¡Carucha!" y "¡Caray!" por "¡Carajo!".

El eufemismo es un fenómeno lingüístico de tipo relativo sujeto a la intervención de múltiples factores mediadores. No sólo depende del contexto social y lingüístico, sino también del intento del hablante. Por ejemplo, un eufemismo pronunciado de manera insinuante, sugestiva o desagradable puede parecer el colmo del cinismo. En estos casos se invierte el proceso psicológico de tal manera que la forma sustitutiva sirve para evocar el concepto tabú en vez de evadirlo, provocando así una reacción negativa en el oyente.

Además, como indicamos anteriormente, algunos eufemismos representan un "hablar bien" sólo desde el punto de vista de las expresiones proscritas que sustituyen. De hecho, hay expresiones eufemísticas de tendencia peyorativa que caracterizan y condenan a los conceptos tabús y simultáneamente los disfrazan.[57] Ejemplos excelentes son "desgraciar",[58] "deshonrar", "hacer la grosería" y "hacer la maldad" = ('desvirgar a la mujer'), eufemismos metafóricos que reflejan un sentimiento institucionalizado de culpa ante el concepto prohibido (véase la sección 22 del capítulo III).

Y, en combinación con los procesos ya descritos, el humor tiene un papel importante en la atenuación de los conceptos tabús. Abundan los ejemplos de eufemismos burlones e irrespetuosos como "aplicar una inyección intrapierna", "aplicar una transfusión de mocodilato de sodio", "irse a la lucha libre a calzón quitado" = ('fornicar') o "navegar con bandera de comunista" ('estar con la menstruación'). Los hablantes se burlan de las realidades que consideran peligrosas para restarles importancia y poder y así dominar mejor el miedo que les producen.

Los disfemismos y las injurias

C. *Disfemismos e injurias que parten del significado, o de la relación entre significados*

C.1. *Las formas etimológicas.* Como se encuentran entre las formas lingüísticas más resistentes ante el cambio histórico, muchas de las expresiones disfemísticas e injuriosas han evolucionado poco de sus raíces latinas y griegas. Por ejemplo, "cagar" ('defecar') data del latín *cacare*, y éste del griego *kákkee*. "Mear", o su variante en el habla popular "miar", se originó en el latín vulgar *meiare*, a su vez producto de la forma clásica *meiere*, del mismo significado; y "culo" se deriva del latín *cūlum*.

C.2. *La metáfora.* Abundan los disfemismos e injurias que son productos históricos del proceso metafórico. La muy celebrada forma "chingar" nos llega de fuentes índicas por medio del vocablo gitano *čingarar* = ('cortar, rajar, desgarrar' y/o 'pelear'). De allí, por extensión metafórica, o adquirió directamente el significado 'deshonrar a la mujer, fornicar', o intervino primero el significado intermediador 'insultar'.[59] En nuestra opinión, al llegar a México el término sufrió un cruce semántico con la forma nahuatl *tzinco*, de *tzintli* = ('el ano') y el sufijo -*co* con el valor preposicional 'en', adquiriendo así connotaciones homosexuales (véase la sección 24 del capítulo III).

Y, como es el caso con todas las expresiones de abuso verbal, cuando el término se aplica al objeto de la ira o del desprecio, aparece otro nivel de metaforización que hemos denominado anteriormente la "magia verbal". Al lanzarse la fórmula injuriosa "¡Chinga tu madre!", por ejemplo, la palabra se confunde momentáneamente con la realidad exterior y el oyente se convierte figuradamente en objeto del temor ancestral—el hijo incestuoso.[60] Esta transformación por medio de la varita mágica de la lengua expresa la emoción negativa del hablante, y posiblemente le satisface el deseo de seguir agrediendo a su contrincante. Por el otro lado provoca la furia del oyente, y representa un desafío al cual tiene que responder o con otra fórmula institucional ("¡La tuya!", por ejemplo), o con la violencia física.[61]

Ejemplos de los disfemismos metafóricos abundan en el habla popular. "Chile", por ejemplo, era un eufemismo referente al pene (por similitud de forma) que se ha convertido en disfemismo por su popularización y consiguiente asociación con el concepto que antes disfrazaba. Actualmente el término en su sentido recto ha sido sustituido por la expresión "el picante". "Huevos" ('testículos') es otro disfemismo metafórico que se evita escrupulosamente en el habla cotidiana. En su empleo referente al producto de las aves ha sido desplazado por la forma metonímica "blanquillos".

C.3. *La metonimia.* Las expresiones tabús productos de la contigüidad de sentidos son menos frecuentes que las formas etimológicas y metafóricas. Tal vez el mejor ejemplo es el verbo proscrito "coger", aparentemente un antiguo eufemismo metonímico de "joder" (una parte de la acción proscrita por el todo), que ha reemplazado a la forma tabú en su valor erótico de 'fornicar' (véase la sección 23 del capítulo III).[62] Ahora se sustituye la forma "agarrar" por "coger" en su sentido de 'asir' o 'tomar'.

Del mismo modo que hay eufemismos de tendencia peyorativa, también hay casos de expresiones tabús atenuadas o debilitadas, y aun circunstancias bajo las cuales se transforman en designaciones positivas. Las injurias, por ejemplo, pueden transformarse en términos cariñosos cuando se emplean para dirigirse a los niños ("cabrón", "cabroncito", "marrano"),[63] los amigos íntimos ("Oye, mano, hijo de la chingada, ¿por qué no me llamaste?") u otros seres queridos. Este fenómeno se explica por el hecho de que las designaciones que reflejan las emociones desagradables no sólo son más abundantes que las agradables, sino que también su tono emotivo es de mucho mayor intensidad. Así cuando el hablante quiere expresar el cariño en grado intenso, ignora la cualidad de la emoción y selecciona un signo lingüístico más adecuado a su intensidad, o sea una expresión que normalmente expresa la afectividad negativa.[64] Además, sospechamos que este fenómeno predomina en el habla de los hombres, quienes evitan los términos cariñosos comunes por considerarlos dominio del habla femenina.

Las expresiones de abuso verbal también se atenúan debido a transformaciones diacrónicas en el nivel de significado, o cambios sincrónicos en el nivel formal, incluyendo la alteración de las fórmulas sintácticas. La mayoría de estas expresiones retienen su tono afectivo intensamente negativo, y se siguen reconociendo como injurias por los hablantes. Sin embargo, desde una perspectiva psicológica su aspereza tiene que considerarse menor que la producida por las expresiones cuya motivación tabú es todavía transparente[65] o cuya forma se encuentra inalterada.

Se presentan dos clases de injuria que se han atenuado en el nivel conceptual. Primero, hay aquellas expresiones cuyo sentido tabú motor se ha desplazado por sus sentidos figurados. El término "pendejo", por ejemplo, originalmente significaba 'pelo que nace en el pubis y en las ingles'. De allí, por extensión metafórica, adquiría los significados 'hombre cobarde y pusilánime', y 'tonto, estúpido'; es exclusivamente en este sentido que el término se emplea actualmente en México. Pero pese a que los hablantes no son conscientes de su concepto motivador original, la expresión conserva su tono emotivo de suma aspereza.[66] Por otra parte, las injurias que hemos denominado "residuales" están exentas de todo contenido referencial o conceptual, y se emplean sólo para expresar la afectividad negativa del hablante. Un ejemplo por excelencia es "¡Carajo!", una exclamación de sorpresa, molestia, enfado o disgusto cuyo antiguo valor de 'pene' se desconoce en México.[67] Es este fenómeno el que motivó a Malinowski a declarar que a las expresiones tabús no hay que buscarles significados exactos, sino analizar sus múltiples asociaciones ("The Language of Magic", 81).

A veces los hablantes, en una especie de reflejo condicionado, procuran suavizar las expresiones tabús recurriendo a las técnicas siguientes: (1) el truncamiento fonético ("¡Chin. . .!" = "¡Chinga!"); (2) la elipsis ("¡Importa una. . .!" = "¡Importa una pura chingada!"); (3) los diminutivos ("pendejillo", "culito", "cogidita"); (4) la sustitución de términos injuriosos con parónimos ("hijo de la mañana" = "hijo de la chingada"; "hijo de la rechintola" = "hijo de la rechingada"), expresiones de sentido general ("hijo de quién sabe cuántos" = "hijo de su puta madre") o pronombres ("hijo de una"). Como es obvio, las formas alteradas no alcanzan a disfrazar las expresiones tabús, y disminuyen poco su impacto negativo en el oyente.[68]

En plan de resumen, podemos sintetizar las manifestaciones lingüísticas del tabú en el cuadro de la página siguiente:

	Eufemismos	Disfemismos	Injurias
Función	Evasión y atenuación del concepto tabú	Evocación del concepto tabú	Evocación del concepto tabú
Valor predominante	Referencial	Referencial	Afectivo
Connotaciones	Positivas	Negativas	Negativas
Mecanismos	*Nivel de Significado:* -Metáfora -Metonimia -Expresiones de sentido general -Pronombres y adverbios -Expresiones infantiles -Expresiones cultas o científicas -Los nombres propios -Préstamos de lenguas extranjeras *Nivel Formal:* -Elipsis -Paronimia	*Nivel de Significado:* -Formas etimológicas -Metáfora -Metonimia	
Campos conceptuales	-lo sobrenatural -la muerte -las enfermedades -el cuerpo -los actos sexuales -los defectos físicos y mentales	-el cuerpo -los actos sexuales -los animales	

Capítulo III

CAMPOS SEMANTICOS TABUS EN EL HABLA POPULAR DE MEXICO

Los órganos excretorios-sexuales y regiones anatómicas vecinas

1. *El miembro viril*

El disfemismo "standard" referente al objeto tabú es *verga*, del latín "virga" = 'miembro genital de los mamíferos'. El término también aparece en una serie de fórmulas injuriosas (véase 1.14 y 3).

1.1. EUFEMISMOS POR METAFORA

-*aguayón torneado*. Del nahuatl "ahuayo" = 'espina o cosa espinosa'[68] (Santamaría, *Mej*.). -*badajo*. 'Pieza metálica que hace sonar la campana'. Es una metáfora por una supuesta similitud de forma. -*brizna* (o sus variantes *brinza* o *briza*). 'Fibra, filamento o partecilla delgada de una cosa, especialmente de la caren'. Es un eufemismo metafórico por similitud de forma y composición. En el caló mexicano *brinza* es 'carne o carne de res'. -*burundanga* (variante de *borondanga*) = 'cosa insignificante, almodrote'. -*cabeza, cabeza de gato, cabezón* = 'la punta del pene'. Son eufemismos metafóricos por una supuesta similitud de forma. -*camarón*. -*camote*. Del nahuatl "camotli" = 'planta rastrera de aspecto semejante al quiebra platos o manto'. Esta metáfora por similitud de forma se basa en una comparación con la raíz tuberosa, voluminosa y feculenta de la planta en cuestión. Por extensión metafórica el término también ha adquirido las acepciones 'bribón, desvergonzado' (M. Alonso, *Enc*.) y 'tonto' (Santamaría, *Mej*.). -*chile*. Un viejo eufemismo que se ha convertido en disfemismo por su asociación popular con el concepto tabú (véase 1.11 y 3). -*chorizo* = 'pedazo corto de tripa lleno de carne'. También se utiliza en España referente al pene (J. Martín, *Dicc*., 297). -*chucumite*. Del nahuatl "xococ" = 'agrio' y "omitl" = 'hueso'.

Larry M. Grimes

Nombre popular de un pececillo propio de la región de Alvarado en Veracruz. Es un eufemismo metafórico por una supuesta similitud de forma. *-chuchería* = 'una cosa de poca importancia, pero pulida y delicada'. *-cola* o *colita*. Se emplea referente al miembro del niño. *-corneta*. Se emplea la expresión "tocar corneta" para referirse al fellatio. *-dedo, dedo sin uña*. *-ejote*. Del nahuatl "exotl" = 'frijol o haba verde'. El eufemismo se basa en una comparación con la vaina del frijol cuando está tierna. *-estaca*. Probablemente del gótico "stakka" = 'palo con punta en un extremo para fijarlo en tierra, pared u otra parte' (M. Alonso, *Enc.*). *-explorador*. Es un eufemismo humorístico basado en una supuesta similitud de función. *-fierro*. Este eufemismo es el producto de la fantasía del "macho". Se refiere al supuesto "aguante" y rigidez del objeto tabú. *-flauta*. Es una metáfora por similitud de forma. La expresión "tocar flauta" se refiere al fellatio. *-gallo*. Es un eufemismo humorístico que se basa en una supuesta similitud de forma (véase también "dormir el gallo", sección 17.2). *-guía de adelante*. *-garrote*. *-lechero*. Es un eufemismo humorístico que personifica el objeto tabú. A su vez se basa en el eufemismo "leche" referente al semen (véase 13.1). *-longaniza*. *-masacoate* o *mazacuate*. Del nahuatl "mazatl" = 'venado' y "coatl" = 'culebra'. En México se utiliza para referirse a la culebra y, por extensión, para 'algo largo y grueso'. *-masteo*. Probablemente una variante de "masteleo" = 'mastelero, palo menor que se pone en los navíos y demás embarcaciones de vela redonda'. *-mirasol*. Un eufemismo por una supuesta similitud de forma. *-mosquete*. Un eufemismo humorístico basado en la similitud de forma. *-nabo*. *-pájaro*. Es un eufemismo común en Hispanoamérica referente al miembro viril, pero en Veracruz se utiliza para designar la vulva (Kany, *Am.-Sp. Euph.*, 144, 201). *-palo*. Es un viejo eufemismo de uso tan común que se va convirtiendo en disfemismo por contaminación del concepto tabú que antes disfrazaba. También se emplea referente al coito en la expresión "echar un palo" = 'fornicar'. *-pepino*. *-perno*. *-pescuezo, pescuezón, pescuezona*. *-picho*. Por similitud de forma. En Tabasco es el nombre genérico del zanate, pájaro ictérido mexicano, y por extensión metafórica se refiere al miembro viril (Santamaría, *Mej.*). *-pichón* = 'Pollo de cualquier ave, excepto de gallina'. Es un eufemismo metafórico por similitud de forma de uso general en el habla popular. *-pincho*. Por similitud de forma. 'Aguijón o punta aguda de hierro u otro material'. *-piocha*. Del nahuatl "piochtli". 'Barba recortada y puntiaguda que sólo cubre el extremo inferior de la quijada'. Es un eufemismo metafórico por una supuesta similitud de forma. *-pirinola* (variante de *perinola*). *-pistola. -pito.* Un viejo eufemismo que se ha identificado con el concepto prohibido hasta el punto que se está convirtiendo en disfemismo tabú. *-plátano. -puro* (cigarro puro). *-reata* (o su variante popular *riata*). Por una supuesta similitud de forma. *-retazo macizo.* Un eufemismo humorístico basado en una supuesta calidad similar. *-retoño. -rienda. -rifle.* Y como extensión se utiliza el término "balas" referente al semen. *-el sin orejas. -sonaja.* Por la supuesta similitud de forma. *-tienda.* ¿Dónde todas se abastecen? *-tornillo. -tripa, tripas.* También se utiliza en Perú y Argentina (Tiscornia, "La lengua", 91). *-trompeta.* "Tocar trompeta" se refiere al acto de fellatio. *-visitante nocturno.* Basado en una supuesta función similar, esta metáfora personifica el objeto tabú. *-zanahoria.*

1.2. EUFEMISMOS POR METONIMIA

-carne, carne cruda. El objeto tabú se designa con expresiones referentes a la materia que lo constituye. *-chivo.* Es un eufemismo por asociación metonímica con un animal que tiene fama de gran potencia y promiscuidad sexuales. Por extensión se aplica también (1) al macho, al hombre que fornica con exceso y (2) a la prostituta. En Tabasco se emplea referente a la lesbiana (Santamaría, *Mej.*). *-el de hacer niños, el de hacer chilpayates* (*chilpayates* data del nahuatl "chilpayatl" = 'niño de poca edad'). El órgano tabú se designa con una expresión referente a una de sus funciones. *-grande.* En contraste a "chico" = 'la vulva'. *-la parte más delicada.* El nombre tabú se sustituye por una expresión referente a una supuesta característica del objeto proscrito. *-sexo.*

1.3. EUFEMISMOS POR EXPRESIONES DE SENTIDO GENERAL

-aparato. -asunto. -cosa. -cuestión. Los cuatro eufemismos también se aplican a la vulva y el ano. Los tres últimos se emplean para designar el coito.

1.4. PRONOMBRES Y ADVERBIOS COMO EUFEMISMOS

-allá. -aquello. -donde, a donde, por donde uno es hombre. -eso. Las mismas formas se utilizan para designar la vulva (claro, con los cambios apropiados: "por donde una es mujer").

1.5. NOMBRES PROPIOS COMO EUFEMISMOS

-Filiberto. -Paco. Son eufemismos humorísticos que atenúan el concepto tabú por medio de la personificación.

1.6. EXPRESIONES INFANTILES COMO EUFEMISMOS
-pipí. Es una forma onomatopéyica empleada referente a la orina, y por extensión metonímica, al órgano sexual masculino.

1.7. EXPRESIONES CULTAS COMO EUFEMISMOS
-falo. -miembro, miembro viril. -órgano, órgano genital, órgano sexual.

1.8. EUFEMISMOS POR ELIPSIS
-volverse a caer. Un ejemplo de la eliminación total del término proscrito. El concepto tabú es comunicado por el contexto lingüístico. "A base de mucho batallar. . .después de hora y media de estar forcejeando con ella, se abandonó. . .Pues al cabo del tiempo sentí que reaccionaba, y dije: 'antes de que se arrepienta, de que se vuelva a caer, me acomodo' " (Lewis, *Los hijos,* 177).

1.9. EUFEMISMOS POR PARONIMIA
// Siguen los eufemismos por paronimia de la injuria residual "carajo" (véanse 1.14 y 3.1): *-barajo. -canarios. -canastos. -canijo/-a. -cará. -caracoles. -caraches. -carachas. -caracho. -carafe. -caramba(s),* que también ha producido eufemismos paronímicos como "baramba" y "carambolas". *-carape. -¡caray!* (o su variante "¡aray!"). *-careste. -carucha. -cáspita.*[69] // *-Veracruz.* La forma es un eufemismo por paronimia de la forma "verga".

1.10. DISFEMISMOS ETIMOLOGICOS
-pene. Del latín "penis" = 'miembro viril'. Es un disfemismo semiculto. *-verga.* Del latín "virga" = 'miembro genital de los mamíferos' (véase 1 y 3).

1.11. DISFEMISMOS METAFORICOS
-chile. Del nahuatl "chilli", ají o pimiento de las Indias. Es un antiguo eufemismo metafórico que se ha convertido en disfemismo tabú por su identificación con el órgano proscrito. En su sentido recto se ha desplazado por el vocablo "picante" (véase también 3). *-pinga, pingo.* Datan del latín "pendicare," y éste de "pendēre" (véase la sección 3).

1.12. DISFEMISMOS METONIMICOS
-picha, pija. De la antigua forma onomatopéyica "pis", del ruido de la micción (Corominas, *Dicc.,* bajo "pijota"; véase 3).

1.13. DISFEMISMOS POR CRUCE DE TERMINOS
-la chúperson. -la mámerson. Son disfemismos humorísticos que

imitan la terminación de ciertos apellidos ingleses ("Anderson", "Johnson"), o que tal vez se inspiran en los nombres de ciertas marcas de armas ("Remington", "Smith and Weston"). Las raíces hispánicas ("chupar", "mamar") simultáneamente expresan el concepto tabú por medio de una referencia al fellatio.

1.14. INJURIAS ETIMOLOGICAS

// -*carajo(s)*. Originalmente 'pene'. Sigue funcionando como expresión injuriosa en cuanto a su valor afectivo, pero en América ha perdido su concepto motor tabú[70] (véase 3.1). -*carajada.* -*carajazo.* -*carajear.* -*del carajo.* -*irse a alguien del carajo.* -*irse uno al carajo.* -*llevarse a uno el carajo.* -*mandarlo a alguien (o algo) al carajo.* -*¡qué carajo(s). . .!, ¡quién carajo(s). . .!* -*un carajo.* // -*verga*. El disfemismo "standard" referente al órgano tabú también se emplea en fórmulas injuriosas (véase 3): -*¡La verga!* -*¡Ni verga!* -*¡Pélame la verga!* -*tener mucha verga*, o simplemente "¡Mucha verga!" -*¡Vamos a la verga!, ¡A la verga!, ¡Vete a la verga!* //

2. Los testículos

El disfemismo "standard" referente a los objetos tabús es la metáfora popular *huevos,* cuyo sentido recto se expresa con el eufemismo "blanquillos".

2.1. EUFEMISMOS POR METAFORA

-*aguacates*. Del nahuatl "ahuacatl" = 'fruto verde y redondo, parecido a una pera'. -*ayotes*. Del nahuatl "ayotli" = 'calabaza', por similitud de forma. -*bolas.* -*canicas.* -*cocos,* o "coquitos" (del habla infantil). -*cuates*. Del nahuatl "coatl" = 'mellizos, gemelos'. -*frutas de San Juan.* -*huidongas* (o *guidongas*). -*paguas* (o *pahuas*). Del nahuatl "pahuatl" = 'fruta'. Nombre que en el centro y norte se da al aguacate. M. Alonso señala su origen en el término araucano "pahua", y registra los significados 'hernia' y 'cualquier hinchazón grande' para Chile. -*peras.* -*riñones.* -*sopladores.* -*sopletes.* -*talayotes* (o *tlalayotes*). Del nahuatl "tlal-ayotli", de "tlalli" = 'tierra' y "ayotli" = 'calabaza', o sea la calabaza común (Robelo, *Dicc.*). -*tanates* (o *tenates*). Del nahuatl "tanatli" = 'bolsas de cuero'.

2.2. DISFEMISMOS METAFORICOS

-*huevos* (o su variante popular *güevos*). Un viejo eufemismo que, a causa de su popularización y consecuente contaminación del concepto tabú, se ha convertido en el disfemismo "standard" referente a los testículos (véase la sección 3).

Larry M. Grimes

2.3. DISFEMISMOS METONIMICOS

// *-huevos* = 'testículos', y por una doble extensión metonímica (el símbolo por lo simbolizado), la virilidad sexual y toda especie de potencia masculina (véase la sección 3 para el análisis de las expresiones que siguen). *-a huevo* = 'a la fuerza'. *-atorarse los huevos en el pescuezo* = 'tener miedo en sumo grado'. *-de hueva* = 'de casualidad'. *-enhuevarse* = 'enojarse'. *-faltarle huevos a alguien* = 'ser cobarde, faltar coraje o valor'. *-hueva.* Significa 'flojera' y por una segunda extensión metonímica, 'buena suerte'. *-huevero* = 'el que tiene buena suerte en el juego'. *-huevón.* Por extensiones metonímicas divergentes, esta expresión ha adquirido dos significados opuestos: (1) 'holgazán, flojo' y (2) 'valiente, esforzado'. *-tener (muchos) huevos, tener un par de huevos, tenerlos bien puestos* = 'ser valiente, tener valor en sumo grado'. //

2.4. INJURIAS METONIMICAS

-cortarse a uno los huevos = una fórmula de juramento (véase la sección 3). *-pasarse algo por los huevos* = una fórmula de rechazo.

3. *El falo en el habla popular*

> Hay ciento noventa y tres especies vivientes de simios y monos. Ciento noventa y dos de ellos están cubiertos de pelo. La excepción la constituye un mono desnudo que se ha puesto el nombre de 'Homo Sapiens'. Esta rara y floreciente especie pasa una gran parte de su tiempo estudiando sus más altas motivaciones, y una cantidad de tiempo igual ignorando concienzudamente las fundamentales. Se muestra orgulloso de poseer el mayor cerebro de todos los primates, pero procura ocultar la circunstancia de que tiene también el mayor pene, y prefiere atribuir injustamente este honor al vigoroso gorila (Desmond Morris, *El mono desnudo*, traducción de J. Ferrer Aleu, Barcelona, 1970).

Las expresiones de abuso verbal que evocan el miembro viril son las que más abundan en el habla masculina mexicana. El falo representa la esencia del hombre, el símbolo del poder sexual que se proyecta a todas las otras facetas de la vida. Sus expresiones lingüísticas se manipulan para expresar el enfado, la sorpresa, el disgusto y el rechazo. El disfemismo tabú "la verga" es "standard" en el habla popular para referirse en sentido recto al órgano masculino, pero también aparece en interjecciones injuriosas de negación o rechazo como "¡ni verga!" o simplemente "¡la verga!".

Aunque no tan común, el disfemismo "pinga" se utiliza en el mismo sentido: "N'hombre, es buena gente. —¡Qué buena gente ni que la pinga!" (Fuentes, *La región*, 182). M. Alonso señala esta forma para

Cuba, pero también es de uso general en México (A. Jiménez, *Picardía*, 204; Boyd-Bowman, *El habla*, 287). Antes de contaminarse del concepto prohibido el término se empleaba como eufemismo por metáfora referente al pene: 'percha, por lo común de metro y medio de largo, que sirve para conducir al hombre toda carga que se puede llevar colgada en las dos extremidades del palo' (DRAE). También se emplea la forma "pingo", que en México ha adquirido otro significado asociado al concepto tabú. Tiene la acepción 'diablo' y es muy usado en el habla popular como término de comparación para hablar de los niños traviesos (M. Alonso, *Enc.*; Santamaría, *Dicc.*; Boyd-Bowman, *El habla*, 305; R. Duarte, *Dicc.*; Velasco Valdés, *Rep.*, 148).

Aún más importante que el empleo del término "verga" en expresiones unilaterales de emoción es su uso en fórmulas injuriosas dirigidas al contrincante para denigrarlo y/o retarlo a la violencia física. En estas expresiones de suma aspereza emotiva florece el llamado "machismo", el impulso irresistible de comprobar o reafirmar la masculinidad del hablante. De alta frecuencia es la fórmula de rechazo "¡Vete a la verga!", mientras los retos "¡Pélame la verga!" o simplemente "¡A mí me las pelas!" combinan la referencia al órgano sexual con la masturbación, así aumentando su impacto negativo en el oyente. "¡Vamos a la verga!", "¡A la verga!" y "¡Al chile!"[71] (al miembro viril, a la esencia del hombre, al centro de poder, a la fuerza, a la violencia) son fórmulas de desafío que representan invitaciones inmediatas a la violencia física.

En el lenguaje del macho tanto las cualidades consideradas virtudes como las peores deficiencias humanas se expresan por medio de la referencia al miembro viril. Puesto que es la fuente del poderío sexual y, por extensión metonímica, de todo tipo de potencia masculina, el que sobresale o triunfa "a como dé lugar" es porque "tiene mucha verga", "tiene muchos huevos", "tiene un par de huevos" o "los tiene bien puestos". Como indica un personaje en *Los hijos de Sánchez* (Lewis, 36): "El mexicano—y creo yo que en todas partes del mundo—admira los güevos, como así decimos". Kany (*Am.-Sp. Euph.*, 145) ofrece el ejemplo de una mujer enfadada que grita a su compañero "¡tengo más huevos que tú!" ('tengo más valor que tú').[72] Y el cobarde, el afeminado, el que sufre el engaño sin vengarse o que fracasa en la vida se convierte figuradamente en castrado o impotente: "le faltan huevos", "no tiene huevos", "tiene pocos huevos" o "tiene poca verga". Y cuando el hombre es víctima del miedo intenso lo expresa refiriéndose al símbolo del valor masculino: "Era de verse como se nos atoraban los güevos en el pescuezo con sólo oír el ruido que hacían sus guarniciones" (Rulfo, *El llano*, 75). "A huevo" se emplea en el sentido de "a la fuerza", y el disfemismo derivado "enhuevarse" significa "enojarse", puesto que los testículos como centro de toda potencia masculina también generan la ira. Y el macho presta juramento ofreciendo su virilidad, su poderío sexual, como testamento de su honradez: "¡Me corto los huevos si no fue el Nene!" (Leñero, *Los albañiles*, 118).

"Huevón" es un término de suma ambivalencia. Por un lado evoca el tabú para designar al macho ideal—el valiente, el esforzado. Pero también se emplea para referirse al perezoso, al holgazán, al hombre flojo en grado sumo (el que está acostumbrado a sentarse "sobre los huevos"): "Es increíble...siempre echándote hasta las doce del día, mientras yo tiznándome para trabajar y ese güevón ni para él mismo" (Lewis, *Los hijos*, 445). Es de uso tan común en el habla popular que aun se aplica a las mujeres: "Párate y hazlo tú. Nomás estás de güevona. ¡Todo quieres que te den en la mano!" (Ibid., 113). La forma derivada "hueva" significa 'flojera': "¡Por eso ves me ataca esta güeva endemoniada!" (Pareyón, *Los de hasta abajo*, 103). Por extensión metonímica el mismo término ha adquirido el valor de 'buena suerte' (porque se le beneficia a uno sin que actúe): "¡Qué hueva te cargas!", "¡Qué hueva te llevaste!". "De hueva" es 'por casualidad, de chiripa' y el "huevero" es el que tiene suerte en el juego.

Tanto la naturaleza como la frecuencia de las expresiones en cuestión parecen justificar el juicio del psicólogo Samuel Ramos cuando habla de la "obsesión fálica" que impera en México.[73] Indica que tal obsesión:

> ...no es comparable a los cultos fálicos, en cuyo fondo yace la idea de la fecundidad y la vida eterna. El falo sugiere al "pelado" la idea del poder. De aquí ha derivado un concepto muy empobrecido del hombre. Como él es, en efecto, un ser sin contenido sustancial, trata de llenar su vacío con el único valor que está a su alcance: el del macho. Este concepto popular del hombre se ha convertido en un prejuicio funesto para todo mexicano (*El perfil*, 55).

3.1. EL CASO DE "CARAJO"

La forma "carajo" representa el fenómeno curioso que hemos denominado "las injurias residuales", aquellas formas proscritas cuyo valor denotativo ha desaparecido y que sólo retienen connotaciones afectivas peyorativas. A pesar de haber perdido su acepción original de 'pene' en México,[74] el término retiene la aspereza emotiva que data del tabú, y los hablantes lo reconocen como expresión ofensiva.

Es una expresión común a los tres romances hispánicos, y de origen incierto (Corominas, *Dicc.*). Históricamente representaba una evocación del tabú para expresar los sentimientos más ásperos de los hablantes, asimismo que designaba y condenaba aquellas realidades o actividades consideradas negativas por la colectividad social. En su empleo como exclamación ha producido un sinfín de eufemismos por paronimia, tales como "¡Barajo!", "¡Canarios!", "¡Canastos!", "¡Cará!", "¡Caracoles!", "¡Caraches!", "¡Carachas!", "¡Caracho!", "¡Carafe!", "¡Caramba!", "¡Carape!", "¡Caray!", "¡Aray!", "¡Careste!", "¡Carucha!", "¡Cáspita!".[75] Estas interjecciones perviven en México, pero mientras que "carajo" iba perdiendo su motivación tabú, los hablantes dejaban de asociar los eufemismos señalados con la vieja forma obscena que antes sustituían. Ahora son expresiones poco ofensivas que sirven para expresar el asombro, la sorpresa o el desagrado de los hablantes. "Pero ¡qué carambas estos hombres!" "¡Ah qué amigo! ¡Qué madre ni qué carambas!" (Lewis, *Los hijos*, 141). "¡Esas mujeres son unas viejas carambas!" "Llevé la bacinica a medio corral y sentí como que algo me pasó a raspar así. ¡Ay, carambolas! Me espanté" (Lewis, *Pedro Martínez*, 239).

Como interjección el vocablo proscrito expresa el enfado, la irritación, la sorpresa o incluso la intensa alegría o admiración.[76] Se emplea como término reforzador en frases interrogativas ("¿Qué carajo[s] haces aquí?" "¿Quién carajos daría constancia?"), en fórmulas de negación ("Juan no tiene un carajo de inteligencia" "No le importa un carajo lo que dice Miguel") y en expresiones de rechazo ("Furioso, el capitán lo mandó al carajo" "Mis hermanos que se vayan al carajo. Ni los hagas caso. Están locos los cabrones"[77]). "Del carajo" se aplica a una persona, cosa o situación que fastidia, asimismo que puede indicar la enormidad o la intensidad ("¡Hace un calor del carajo!"). Cuando alguien "está del carajo" le va sumamente mal. Un "carajazo"[78] es un golpe cobarde de atrás, un porrazo o trancazo. "Llevárselo el carajo" es una fórmula para deshacerse de algo o alguien con enfado o desprecio; "el carajo" se personifica y se convierte en un ser vengador que quita de encima lo que molesta o fastidia: ". . .lo traje como quince días cargando el dichoso mimeógrafo. Ya después me daban diez, quince. Dije: 'pos mejor que se lo lleva el carajo'" (Lewis, *Los hijos*, 358). Este uso también se ha extendido para referirse a la muerte por imitación del modelo "llevárselo la chingada (la muerte)". La forma derivada "carajada" se refiere (1) a una diablura, maldad, picardía o acto propio del granuja, tunante o el individuo mal averiguado o (2) a las cosas de poco valor. "Le digo '¿cuánto quiere usted

por el aparatito éste? ' (. . .) 'Bueno, pos mire, la verdá de las cosas
. . .yo no ṣé para qué sirve esta carajada' " (Lewis, *Los hijos*, 357).

Antes de perder su motivación tabú el término "carajo" también
evocaba el concepto prohibido para designar al sinvergüenza, travieso, malvado, malintencionado, avieso; o al torpe, tonto o apocado.
Retiene estas acepciones secundarias en México, siendo la primera
mucho más común que la segunda. El viejo eufemismo "canijo" aparece con alta frecuencia en el habla popular, y se emplea con los mismos significados señalados anteriormente, sin que los hablantes sean
conscientes de su nexo histórico con la forma tabú. Y "carajo" mismo
se utiliza ocasionalmente como una especie de expresión genérica referente a cualquier clase de injuria o expresión de abuso verbal: "De
carajos a carajos también se le voy a decir y ya va siendo hora de que
vaya usted a tiznar a su madre. . . ." (Guzmán, *Las memorias*, 102).
A su vez el verbo compuesto "carajear" significa 'maltratar a uno
echándole injurias'.

Algunos informantes mexicanos creían encontrar un nexo entre
el viejo vocablo tabú y "chingada", a pesar del hecho de que las dos
formas tienen poca similitud en el nivel formal, y ninguna en el conceptual. La confusión probablemente resulta del uso de las dos formas en patrones idénticos de abuso verbal (¡Qué _____ !; ¡Quién
_____ !; Llevárselo _____ ; irse a(l) _____ .

4. *El órgano genital femenino*

Aunque el término "coño" es reconocido por todo hablante mexicano, no forma parte del habla cotidiana del país, fuera de su uso oca-
sional en las regiones costeñas.[79] Se considera un vocablo caracterís-
tico del hablante peninsular.[80] De hecho el tabú sobre el concepto en
cuestión es tan virulento que no hay un término "standard" para
designarlo en el habla popular. Se lo designa con una serie de eufemismos locales, de los cuales "mono" y "panocha" parecen ser los más
comunes, o por medio de expresiones de sentido general como "la
cosa de la mujer", "lo de la mujer", "la cuestión", etc. Tampoco se evoca con fines del abuso verbal—todo lo contrario de lo que ocurre en
España[81], donde su alta frecuencia en expresiones injuriosas lo caracteriza como el mismo tipo de obsesión señalada por el concepto 'pene'
en México (véase la sección 3).

4.1. EUFEMISMOS POR METAFORA

-*aparato*. Se utiliza también referente al pene. -*árbol de la ciencia*.
-*bacalao*. Por similitud de forma y olor. -*barbón*. Por similitud de
forma. -*bizcocho*. Por similitud de consistencia. -*camote*. Del
nahuatl "camotli" = 'batata'. Es una metáfora que se basa en la forma

y consistencia del camote cuando se abre. *-chango* = 'mono pequeño'. Es una metáfora basada en una supuesta similitud de forma. Se
refiere a la vulva y su monte de Venus. *-chayote.* Del nahuatl "cha-
yutli" = 'fruta como calabacilla espinosa por encima, o como erizo'.
Se basa en la forma y consistencia de la calabaza cuando se abre.
-criterio. *-empanada.* Por similitud de forma. *-escamocha.* Por
similitud de apariencia, con implicaciones del cunnilingus. *-gusa-
no.* Por la similitud de forma. *-horqueta.* *-jetas.* Referente a los
labios de la vulva. *-mamey.* Por la forma y consistencia de la fruta
cuando se abre. Además, hay una referencia al acto de cunnilingus
por paronimia ("mamar"). *-mojina.* En Tabasco es una tortuga de
pozo. Es una metáfora eufemística por una supuesta similitud de forma. *-mondongo.* Guisa de mondongo = 'panza'. Aparentemente
una metáfora por similitud de forma y consistencia. *-mono.* Lo
abultado del empeine, por negro y peludo. Este eufemismo es de empleo general en todas partes de la república. "...Oye Chula, ¿por qué
a nosotros diez, si vi muy bien como te dió cinco él con que saliste?
(...) —Pero ése estaba limpio, y guapo; y como da la casualidad que
yo soy la dueña del mono, cuando quiero lo doy gratis!" (Pareyón,
Los de hasta abajo, 112). *-ñame.* Una planta herbácea de proceden-
cia africana. Aparentemente es una metáfora por una supuesta similitud de forma. Es de empleo común en Tabasco. *-nido.* *-pájaro* o
pájara. También se utilizan para disfrazar el concepto 'pene'. *-pa-
nocha.* Es una especie de mascabado o melcocha prieta, miel no clari-
ficada que se prepara sólida en segmentos cónicos, en piloncillo o en
forma de panela. Es una metáfora por similitud de apariencia, consistencia y posiblemente sabor (una sugerencia humorística del cunnilingus). De este eufemismo se deriva el verbo compuesto "panocham-
bear" = (1) copular; (2) hacer el cunnilingus y (3) no trabajar para dedicarse al sexo. Es del sustantivo señalado y "chambear", una forma
popular que significa 'trabajar'. *-papo.* De "papar" = 'comer'. Es
una metáfora eufemística a base de la comparación con la parte abul-
tada del animal entre la barba y el cuello, o el buche de las aves. Esta
forma también ha producido los eufemismos "paparrucha" y "papu-
cha" referentes al órgano proscrito. *-pepa* (o el diminutivo *pepita*) =
'semilla'. *-pescado* (o *pescadito*). Una metáfora por similitud de
forma y, posiblemente, olor. *-pochitoque.* Aparentemente por similitud de forma. En Tabasco es un término referente a una especie
de tortuga. *-raja.* *-remame.* Es una metáfora humorística que sugiere el cunnilingus. Data del verbo "remamar" = 'el acto de mamar
con exceso las criaturas que están criando'. *-rul* o *rulacho.* De "ru-

Larry M. Grimes

lo" = 'bola gruesa u otra cosa redonda', o posiblemente una extensión metonímica de la forma peninsular "rulé" = 'trasero, culo', una expresión gitana. *-sancha* = 'cordero'. Por una supuesta similitud de apariencia, el empeine. *-sapo.* Por una supuesta similitud de forma. *-saraguato.* Una especie de mono. *-sartén. -semilla. -taco.* Por similitud de forma. *-vía ancha. -zapote.* Del nahuatl "zapotli", un derivado de "cuauhzapotl", referente al fruto que también se designa con el nombre "mamey" (Santamaría, *Mej.*). La metáfora se basa en la apariencia fétida del fruto cuando se abre.

4.2. EUFEMISMOS POR METONIMIA
-el chico. -fondillo (o *fundillo*, su variante popular). De "fondillos" = 'parte trasera de los calzones o pantalones' (DRAE), que se utiliza como eufemismo referente al ano o a las asentaderas (Velasco Valdés, *Rep.*, 87; Santamaría, *Mej.*; M. Alonso, *Enc.*, ofrece esta acepción como americanismo). Sin embargo, es común en el habla popular aplicar tales términos a la vulva por proximidad anatómica y similitud de forma (véase, por ejemplo, "dar las nalgas" o "dar el culo" referente al coito). *mondo* = 'desnudo, pelado'. *-pelos. -tafanario.* "Es que mi perrita anda en brama. (. . .) —¿Y por qué te exhibes con ella? Enciérrala con uno hasta que se harte y le duela el tafanario" (Pareyón, *Los de hasta abajo*, 36). Es una variante popular de "antifonario" = 'libro de coro', que es eufemismo metafórico utilizado referente al trasero (Kany, *Am.-Sp. Euph.*, 139; M. Alonso, *Enc.*, incluye "antífona"). El término también se aplica a la vulva por proximidad anatómica.

4.3. EUFEMISMOS POR EXPRESIONES DE SENTIDO GENERAL
-asunto. -cosa o *la cosa de la mujer. -cuestión.* Las tres expresiones señaladas también se utilizan referentes al pene.

4.4. PRONOMBRES Y ADVERBIOS COMO EUFEMISMOS
-allá, por allá. "Mientras no tenían clientes se sentaban en la puerta de su accesoria con las piernas abiertas y el vestido levantado; se les veía hasta por allá" (Lewis, *Los hijos*, 147). *-aquello. -donde, adonde, por donde una es mujer. -eso.*

4.5. NOMBRES PROPIOS COMO EUFEMISMOS
-Doña Josefa.

4.6. EXPRESIONES CULTAS COMO EUFEMISMOS
-órgano genital de la mujer. -órgano sexual de la mujer, órgano sexual. -vulva de la mujer, vulva.

4.7. DISFEMISMOS POR METONIMIA

-culo. Del latín "culum" = 'trasero, ano, asentaderas'. Aunque predomina su uso referente al trasero, también se emplea en el habla popular para designar la vulva por proximidad anatómica y similitud de forma (ano).

4.8. INJURIAS ETIMOLOGICAS

-coño. Del latín "cunnum" = 'vulva'. Es una forma reconocida por todo hablante mexicano como expresión peninsular, pero su uso se limita a las regiones costeñas.

5. *El vello púbico*

5.1. INJURIAS METAFORICAS

// *-pendejo* = 'tonto, torpe, estúpido' o 'cobarde'. *-apendejarse* = 'atontarse' o 'acobardarse'. *-apendejado* = 'atontado' o 'acobardado'. *-pendejada* = 'una idiotez, estupidez o tontería'. //

6. *El caso de "pendejo"*

La evocación del concepto tabú en el vocablo señalado representa un fenómeno diacrónico, puesto que ha perdido su motivación tabú en la actualidad. Es una injuria residual que retiene su aspereza emotiva original, y se le considera una expresión gravemente ofensiva en México. Deriva del latín "pendiculum" de "pendēre" ('pender, colgar'), y originalmente se refería al pelo en el pubis y en las ingles. Antes de perder su acepción tabú se estableció una asociación metafórica entre el elemento proscrito y la falta de capacidad mental o moral, lo cual produjo su significado actual de 'tonto, torpe, estúpido' o 'cobarde'.[82] En la concepción del "macho" el pendejo es el impotente ante la vida, el que fracasa en cualquier empresa porque no sabe o no se atreve a sacar ventaja de la situación.

La forma derivada "apendejarse" es 'atontarse' o 'acobardarse', y el "apendejado" es 'el que se hace el tonto' o 'el acobardado': ". . .las pulqueadas mujeres se resbalaban deslizando el cuerpo, y al dar de nalgas contra el piso, pegan su barba con sus pechos, y como descuelladas, con los ojos y la boca muy abiertos, bandeando cabecean apendejadas" (Pareyón, *Los de hasta abajo*, 110). Y una "pendejada" es 'una acción propia de pendejos, una cobardía, tontería, desacierto, torpeza o estupidez'. También se utiliza para referirse a una mala jugada o a cualquier cosa de poca significación o de poco valor: "—Ya ves —dice —esa vieja bruja cabrona me tiene colmada la medida.

Siempre que llego está con sus yerbitas, con sus pendejadas" (Lewis, *Los hijos*, 159).

7. *El trasero*

"Culo" es el disfemismo "standard" referente al trasero, el ano y/o las nalgas. Deriva del latín "culus" = 'parte posterior o asentaderas de los racionales'. También se emplea en una serie de expresiones injuriosas (véase 8). El disfemismo más frecuente referente a las asentaderas es "nalgas", del latín "naticam" (de "nates") con el mismo significado (véase 8).

7.1. EUFEMISMOS POR METAFORA

-*cachetes*. Es una metáfora basada en la similitud de forma.   -*chicloso*. Del nahuatl "tzictli" = 'resina que se extrae del zapote y que se mastica'. La metáfora se basa en una supuesta similitud de consistencia.   -*chumi*. Voz cahita que se utiliza en Sinaloa referente al ano y/o trasero (Santamaría, *Mej.*).   -*cojines*.   -*cola*. Es un eufemismo humorístico de tendencia peyorativa. Generalmente se emplea referente a la parte posterior de los animales. "Me quería, la fregada, pero le subí el vestido, y que le veo la cola" (Lewis, *Los hijos*, 23).   -*dona* = 'el ano'. Es del inglés "doughnut" = 'un pequeño bizcocho que tiene la forma de un anillo', y se basa en una similitud de forma.   -*fullate*. De "follar" = 'soplar con los fuelles', a su vez del latín "follis" = 'fuelle'. Es una metáfora basada en una supuesta similitud de función (la ventosidad).   -*fusca*. Una metáfora basada en similitud de forma y color.   -*ganavidas*. Un eufemismo humorístico empleado referente al trasero de las prostitutas (véase 8).   -*huele de noche* = 'el ano', una metáfora irónica basada en una comparación con la flor.   -*jareta* = 'el ano'. Es una metáfora basada en una supuesta similitud de forma. -*maletas* = 'las nalgas', basada en la similitud de forma (véase también "petaca").   -*el mande usted* = 'el ano'. En México es una expresión de cortesía que se emplea para pedir la repetición de algo que no se entiende. Es una metáfora humorística que evoca la ventosidad. -*mofle* = 'el ano'. Una metáfora humorística que viene del inglés "muffler" = 'el tubo de escape del automóvil'.   -*el no me niegues* = 'el trasero'. Una metáfora humorística que evoca la cópula, sea "normal" o en forma anal.   -*ojete* = 'el ano'. Un viejo eufemismo que se ha convertido en metáfora injuriosa (véase 8).   -*el tercer ojo* = 'el ano'. Una metáfora por una supuesta similitud de forma.   -*paraleña* = 'el ano'. Una metáfora basada en una supuesta similitud de forma. Se emplea también referente a la vulva de la mujer.   -*pescado* = 'el ano'. Se emplea referente a la vulva también. Es una metáfora basada en la similitud de forma. *-petacas* = 'las nalgas'. El sentido recto del eufemismo es 'maletas', y data de la forma nahuatl "petlacalli" = 'sera o baúl', a su vez de "petatl" = 'petate' y "calli" = 'casa'. *-pistola frijolera* = 'el ano'. Una metáfora basada en una supuesta similitud de función. *-plomero* (o su variante popular *plumero*) = 'el ano'. Una forma humorística basada en una supuesta similitud de función. *-polo sur.* *-popa* (o sus variantes *pompi* o *pompis*, utilizadas referentes al trasero del niño). Por una supuesta similitud de ubicación. *-puerta de fogón* = 'el ano'. *-rabo* = 'el trasero'. Es un término algo despectivo que generalmente se reserva para referirse a los animales. Sin embargo, al aplicarse a los niños se transforma en expresión cariñosa (Kany, *Semántica*, 75). Brown (*A Thesaurus*, 91) señala la expresión "cortarle el rabo" = 'despedirle', y se habla despectivamente o jocosamente del "rabo verde", un viejo enamoradizo que pretende a las jóvenes. Como las cebollas, tiene la cabeza blanca y el rabo verde. En Chile un "rabón" es una persona en paños menores o desnuda (Kany, *Semántica*, 161). *-remolino* o *remolino del pellejo* = 'el ano'. Se basa en una supuesta similitud de función. *-rul* o *rulacho* = 'el ano'. Probablemente data de la forma peninsular gitana "rulé" = 'trasero, culo'. Se emplea también referente a la vulva (véase 4.1). *-silabario* = 'el trasero'. Por una supuesta similitud de forma. *-tafanario* = 'el trasero' o 'el ano'. Se basa en la forma "antifonario" = 'libro de coro', y se aplica también a la vulva de la mujer (véase 4.2.). *-vía angosta.*

7.2. EUFEMISMOS POR METONIMIA

-asentaderas = 'las nalgas'. Los objetos tabús se disfrazan con un término referente a su función. *-caderas* = 'las nalgas', por proximidad anatómica. Y una "caderona" es una mujer con "buenas nalgas" o, por extensión semántica, bien formada: "...dijo Luciano 'colosal' a una muchacha caderona de ojos color de colirio" (Del Paso, *José Trigo*, 169). *-chico* (o "chiquito") = 'el ano'. El objeto tabú se nombra con un término referente a una de sus características. *-fondillo* (o su variante popular *fundillo*) = 'trasero'. Es un eufemismo por contigüidad de conceptos, puesto que la acepción recta de "fondillo" es 'parte trasera de los calzones o pantalones'. Se emplea también referente a la vulva. Son comunes las variantes "fondongo" y "fondoque". *-posaderas* = 'las nalgas', de "posar" = 'descansar, asentarse o reposar'. *-trasero.* De "trans" = 'que está, se queda o viene detrás'.

Larry M. Grimes

7.3. EXPRESIONES INFANTILES COMO EUFEMISMOS

-fuchi-fuchi. Una expresión infantil aplicada a todo elemento que provoca la repugnancia.

7.4. EUFEMISMOS POR PARONIMIA

-trascorral, traspontín, trastorno. Son eufemismos por paronimia de "trasero".

7.5. DISFEMISMOS ETIMOLOGICOS

/ / *-culo* = 'trasero, ano o nalgas'. También se emplea referente a la vulva (véase 8). La forma plural "culos" significa 'nalgas'. *-culearse* = 'copular' (véase 8). *-culón(a)* = 'posaderas amplias o abultadas'. *-dar el culo* = aplicada a la mujer, 'copular' (véase 8). / /
/ / *-nalgas* (véanse 7 y 8). *-nalgona* = 'una mujer de trasero ampliamente surtido'. *-dar las nalgas* = empleado referente a la mujer, 'copular'. / /

7.6. INJURIAS ETIMOLOGICAS

/ / *-culo.* Esta forma también se emplea en una serie de fórmulas injuriosas (véase 8). *-culero* = 'homosexual, engañoso o cobarde'. *méteselo por el culo* = una fórmula injuriosa de rechazo. *-rasparle (a uno) el chile cualquier culo* = una fórmula de desafío con implicaciones sodomitas. *-ser (algo o alguien) culo* = una fórmula injuriosa de rechazo. / /
-podrírsele (a uno) las nalgas = una fórmula de rechazo.

7.7. INJURIAS POR METAFORA

/ / *-ojete* = 'ano' y, por extensión metafórica, 'cobarde, hombre pusilánime, tacaño o engañoso (véase 8). *-dar el ojete.* Dicho de la mujer, 'copular'. *-ojetero* = 'homosexual, sodomita'. / /

8. *Injurias basadas en el trasero y conceptos afines*

El término "culo" es el objeto tanto de la evasión eufemística en la conversación normal como de la evasión ritual en las expresiones de abuso verbal. La expresión "culero" se aplica al sodomita agresivo, el que ataca y penetra a su víctima por detrás; así el objeto de la injuria se convierte figuradamente en un homosexual y, por extensión metafórica, un engañador y/o cobarde: "¡Qué patraña te jugó, y a este culero también, déjame" (Lewis, *Los hijos*, 411). En su forma femenina tiene varios significados. Se utiliza referente a la prostituta, la que vende el "culo", que por similitud de forma y proximidad anatómica se emplea también para designar la vulva (Velasco Valdés,

Rep., 52),[83] o puede tener las mismas acepciones que la forma masculina (engañosa, cobarde, etc.). ". . .deja darle en la madre a esta pinche puta, por ojete y culera" (Lewis, *Los hijos*, 411). El término también tiene una acepción que no se relaciona a lo sexual, o sea 'flojo, perezoso, el que pasa el tiempo sentado sobre el trasero': "Le digo —Pinche güey, tú nomás como andas aplanando calles, crees que uno también na' más anda de culero" (Lewis, *Los hijos*, 49).

El verbo disfemístico "culear(se)" es una forma derivada de "culo" en su sentido de "vulva". Santamaría (*Méj*.) señala varias acepciones del verbo tabú, incluyendo la común de 'fornicar', pero ignora las connotaciones que lo caracterizan como una de las formas más obscenas de la lengua. Sus implicaciones sodomitas (el coito anal) aumentan enormemente la aspereza del concepto tabú al añadirle la noción de perversidad. De allí se producen los significados 'ejercer la mujer la prostitución' y 'gustarle a la mujer el ejercicio de la cópula' (Sant., *Méj*.), los cuales denigran al objeto de la penetración sexual. El verbo en cuestión refleja la actitud popular ante la prostituta (se dedica a las prácticas sexuales de índole degenerada) y la mujer que goza demasiado del coito (se le considera una depravada). Sus significados figurados ('acobardarse, echarse atrás, herir(se), dañar (se), matar cobardemente, engañar(se), traicionar') son extensiones metafóricas de su acepción sexual. "No, no seas cabrón, oye, pinche Manuel. ¡Danos chance, vamos a echarnos tres manos! ¡Tres manos y ya te pasas! ¿Oye, te estás culiando? —No, si no me culeo hermano" (Lewis, *Los hijos*, 54).

El término "culo" también aparece en una serie de patrones injuriosos utilizados para denigrar a su objeto y expresar el enfado o disgusto extremo del hablante. "Tu lana sólo nos sirve para limpiarnos, métela por el culo" (Leñero, *Los albañiles*, 68). "—¡No, descarta madre! Así entera si quieres. Si no, no jugamos. —No, hombre, hay que dejar comodín, el comodín es pa' todos. —Bueno, a mí me gusta con comodín. —¡No, pa' mí es igual! A mí —dice —cualquier culo me raspa el chile" (Lewis, *Los hijos*, 52). El último desafío forma parte del vocabulario del "pelado" y refleja el homosexualismo figurado.[84] El que habla, domina, y su contrincante se convierte en objeto pasivo de la violación sexual—la mayor denigración posible en la concepción del "macho". Y, finalmente, la expresión tabú se utiliza como simple expresión de afectividad negativa: "¡Esto no es suerte, es culo!" (Lewis, *Los hijos*, 54).

La injuria "ojete", de uso común en el habla popular, es un viejo eufemismo metafórico de "culo" por similitud de forma ('ojal redon-

do y reforzado. . .'). Con el tiempo el término se convirtió en disfemismo al desplazarse el significado original por la acepción tabú. De
allí sufrió una extensión metonímica en la cual el homosexual se aso-
ciaba con el supuesto objeto de su interés sexual. El "ojete" u "ojete-
ro" era 'un cobarde, un hombre pusilánime o un engañoso'. Ahora,
al perder su motivación conceptual tabú,[85] las expresiones han adquirido las acepciones más amplias de 'tacaño, hombre miserable, ruin,
de poca calidad humana'. Menos frecuente es su uso para señalar al
'flojo, al que poco emprende'.

Como ya hemos señalado, es común utilizar la forma "culo" referente a la vulva.[86] Puesto que el disfemismo "nalgas" es menos ofensivo que la expresión anterior se emplea como forma sustitutiva no
sólo para referirse al ano, sino también a la vulva.[87] Así "dar las nalgas" aplicada a la mujer es 'fornicar'. Y las "ganavidas" son los supuestos atributos físicos que atraen a los clientes de la prostituta:
"—¡Mira, mira Luciano, cómo van moviendo éstas sus ganavidas!"
(Pareyón, *Los de hasta abajo*, 113). La expresión "nalgas" aparece
también en expresiones ocasionales de abuso verbal, tal como la fórmula de rechazo que sigue: "La oyeron decir: —Negro, ¡hijo de tu
chingada madre! ¡Vete a hacer esto a quien sabe quien! ¡Y ojalá se te
pudran las nalgas!" (Lewis, *Los hijos*, 210).

Las excreciones corporales

9. *Hacer de vientre y el excremento*

> El disfemismo "standard" para designar la acción tabú es "cagar", del
> latín "cacare", a su vez del griego "kákkee". Su producto se denomina
> con el disfemismo "mierda", del latín "merda" = 'excremento huma-
> no'.

9.1. EUFEMISMOS POR METAFORA

-*aflojarse el tornillo* = 'tener diarrea'.   -*brea* = 'excremento, por similitud de aspecto.   -*cántaros* (o "cantaritos") = 'diarrea'. "Andar a
cántaros" es 'tener diarrea'.   -*churre* = 'diarrea', del latín "serum".
Es una metáfora por similitud de consistencia ('pringue gruesa y sucia que corre de una cosa grasosa'). Esta forma tiene múltiples variantes, entre las cuales se incluyen "churrias" y "churro". La víctima de
la diarrea es el "churriento" o "churroso". Las formas derivadas
"churrear", "churretearse" y "churrusquearse" significan "tener diarrea".   -*comunicarse*. Por el sonido al hacer de vientre y la paronimia ("común" = 'excusado').   -*corregir*. Por metáfora y paronimia
("correr" = 'tener diarrea', con variantes humorísticas como "corre-

quetealcanzo"). -*desponer* = 'hacer de vientre'. -*feriar* = 'hacer de vientre'. El sentido recto del eufemismo en México es 'comprar, vender o negociar'. -*gobernar*. -*poner un telegrama*. Se refiere a la supuesta similitud de sonidos en el mensaje telegráfico y el acto de defecar. -*regir*.

9.2. EUFEMISMOS POR METONIMIA
-*calzonear*. Del sustantivo "calzón".

9.3. EUFEMISMOS POR EXPRESIONES DE SENTIDO GENERAL
-*hacer la necesidad* o *tener necesidad* = 'hacer de vientre'.   -*urgencia del cuerpo*.

9.4. EXPRESIONES INFANTILES COMO EUFEMISMOS
-*caca* (o "caquita"). Data del latín "cacare", y ése del griego "kákkee". "Hacerse caca" es 'morir'.

9.5. EXPRESIONES CULTAS COMO EUFEMISMOS
-*defecar*. -*excremento*. -*hacer de vientre*.

9.6. EUFEMISMOS POR EXPRESIONES EXTRANJERAS
-*cuita* = 'excremento', del nahuatl "cuitlatl" del mismo significado. -*cuitear(se)* = 'hacer de vientre', del nahuatl "cuitlatl".

9.7. EUFEMISMOS POR PARONIMIA
-*cantar* = 'hacer de vientre'. Por los dos fonemas iniciales ("<u>ca</u>gar"). También se evoca por paronimia la forma "cántaros" = 'diarrea'.

9.8. DISFEMISMOS ETIMOLOGICOS
-*cagar(se)* (véanse 9 y 14).   -*cagarse de miedo* = 'tener miedo en grado extremo'.   -*mierda* (véanse 9 y 14).

9.9. INJURIAS ETIMOLOGICAS
// -*cagar(se)*. También se emplea en fórmulas injuriosas.   -*cagarse en algo o alguien*. Es una fórmula de desprecio y rechazo.   -*de cagada* = una fórmula de desprecio. // // -*mierda*. Se utiliza en una serie de patrones injuriosos que expresan el desprecio, enfado o disgusto en extremo del hablante (véase 14).   -*bañado (algo o alguien) en mierda* = una fórmula de desprecio o rechazo.   -*comemierdas* = 'un despreciable, repugnante o sinvergüenza'.   -*hecho (algo, alguien) una mierda* = 'hecho pedazos, destrozado'.   -*irse a la mierda* = una fórmula de rechazo.   -*¡Ni mierda!* = una fórmula de negación. -*¡Qué mierda(s)!* o *¿Qué mierda(s)?* = fórmulas reforzadoras de exclamaciones o interrogación.   -*tratar a alguien como mierda* = 'tratarlo mal en grado extremo'. //

10. *Orinar*

"Mear" (o su variante fonética popular "miar") es el disfemismo "standard" para designar el acto tabú. Data del latín "urinare".

10.1. EUFEMISMOS POR METONIMIA
-*hacer agua*, o simplemente "hacer": "Mamá, ya hice".

10.2. EUFEMISMOS POR EXPRESIONES DE SENTIDO GENERAL
-*hacer la necesidad*. -*tener necesidad*. -*urgencia del cuerpo*.

10.3. EUFEMISMOS POR EXPRESIONES CULTAS
-*orinar*. Un eufemismo culto que se emplea para sustituir la forma "mear".

10.4. DISFEMISMOS ETIMOLOGICOS
// -*mear* (véase 10). -*meada* = 'porción de orina que se expele de una vez'. -*meadero* = 'lugar para orinar'. Se disfraza con las formas sustitutivas cultas "urinario" y "mingitorio" (del latín "mingere" = 'orinar'). //

11. *La ventosidad*

El término "standard" empleado para la ventosidad es "pedo" (de "peer", a su vez del latín "pédere"), mientras "echar un pedo" se utiliza para designar el acto tabú.

11.1. EUFEMISMOS POR METONIMIA
-*aire(s)* = 'la ventosidad'. -*pasar aire* = 'arrojar o despedir pedos'.

11.2. DISFEMISMOS ETIMOLOGICOS
// -*pedo* (véase 11 y 14). -*coger un pedo* = 'emborracharse'. -*echar un pedo* (véase 11 y 14). -*empedarse* = 'emborracharse'. -*estar en pedo* o *ir pedo* = 'estar borracho'. -*ponerse al pedo* = 'ponerse al tanto, darse cuenta de lo que pasa'. -*ponerse un pedo* = 'emborracharse'. -*traer un pedo atravesado* = 'estar borracho en extremo'. -*traer un pedo loco* = 'estar borracho en exceso'. //

11.3. EUFEMISMOS POR PARONIMIA
-*pedernal* = 'una serie de pedos'.

12. *La menstruación*

Las expresiones más comunes utilizadas referentes a este concepto tabú son los eufemismos "el período", "bajarle (a una) el período", "la luna", "estar con la luna" o "la regla".

12.1. EUFEMISMOS POR METAFORA
-*(tiene) la calavera encendida.* Se refiere al órgano genital femenino
durante la menstruación. -*navegar con bandera de comunista* =
'menstruar'. -*pagar renta.* -*la regla.* -*la visita.* Por su regularidad temporal. -*la vista.*

12.2. EUFEMISMOS POR METONIMIA
-*costumbre.* -*estar en su mes.* Es un eufemismo metonímico por
contigüidad o asociación de la condición tabú y el tiempo en que ocurre. -*el flujo mensual* (o, por elipsis, simplemente "el flujo"). //
-*luna* o *lunación.* -*estar brava la luna.* -*estar con la luna.* -*traer
luna.*[88] // -*la mensual.* // -*el período.* -*bajarle (a una) el período,*
o, por elipsis, "bajarle". -*bajarle (a una) con fuerza.* Se refiere a la
menstruación y, por una segunda extensión metonímica, a 'enojarse',
por el supuesto estado emotivo de la mujer durante el proceso fisioló-
gico. // -*purgación.* -*la sangre, lo de la sangre* o *tener sangre.*

12.3. EXPRESIONES CULTAS COMO EUFEMISMOS
-*menstruación.* -*menstruar.*

13. *El semen*

La expresión de uso más general referente a la sustancia tabú es el
eufemismo "moco(s)" (véase 13.1).

13.1. EUFEMISMOS POR METAFORA
-*atole.* Por similitud de consistencia. En su sentido recto es 'una be-
bida de maíz, agua, leche y azúcar. Data de la forma nahuatl "atolli"
(Santamaría, *Mej.*). -*bala(s).* Es un producto de los eufemismos
"pistola" y "rifle" referentes al miembro viril. -*caldo.* Por similitud
de consistencia. -*cebo.* Y "cebar" es un eufemismo que se emplea
referente al concepto 'fornicar'. -*leche.* Una metáfora por su aspecto y consistencia. Se emplea la forma humorística "lechero" referente
al miembro viril. -*mecate(s).* Una metáfora por similitud de forma:
'una cuerda fibrosa'. -*moco(s)* (o, por paronimia, *moquete*). Un
eufemismo metafórico por similitud de forma y consistencia. "...ella
le pedía a Dios que le diera un hijo. Ahora comprendo que quizá a
causa de mi edad yo era el que no podía engendrarlos todavía; mi moco no era consistente, no tenía fuerza" (Lewis, *Los hijos*, 163). También hay el dicho popular "mocos pocos, pero te cuajaron". -*pasta.*
-*sesos.* Por una supuesta similitud de forma y consistencia.

14. *Injurias basadas en las excreciones corporales*

Aunque los términos referentes al acto de orinar,[89] la menstruación y el semen son objetos de una evasión eufemística escrupulosa en la conversación diaria, no se evocan por fines del abuso verbal.

"Cagar(se)" evoca el tabú sobre la defecación en un número limitado de exclamaciones injuriosas que expresan el enfado, la irritación y el desprecio en extremo. "¡Me cago en todo eso!" "¡Me cago en tu puta madre!" "¡Me cago en la madre que te parió!"[90] Las dos últimas fórmulas combinan el tabú sobre el excremento con el que impera sobre la figura materna (véase 21). El término se emplea también para expresar el miedo excesivo y el acobardamiento del sujeto que lo experimenta: "Se cagó de miedo al oír la tronada". "De cagada" representa una fórmula de desprecio que se aplica tanto a los seres humanos como a lo inanimado. ". . .yo fui gente, y tú naciste en la basura, y siempre has sido una persona de cagada!" (Pareyón, *Los de hasta abajo*, 72). "¿Y qué hago yo con esa máquina de cagada?" Y "una cagada" es 'un desacierto, un disparate': "su idea es una mera cagada".

Sin embargo, el uso de tales expresiones es relativamente infrecuente en comparación con el habla peninsular, donde abundan en exclamaciones de enfado, irritación y desprecio.[91] Sobre todo su uso en fórmulas blasfemas ("¡Me cago en la hostia!", "¡Me cago en la Virgen!", "¡Me cago en Dios!") sería impensable en México, donde impera el tabú religioso en forma inconsciente, o sea que nunca se viola. En México las figuras religiosas, que son objeto de una profunda ambivalencia afectiva en la península, se sustituyen por dos entes más terrestres—la madre ("¡Me cago en tu madre!") y la chingada ("¡Me cago en la chingada!"), la muerte y la reina prostituta de la nada (véase 21).

Por otra parte el término "mierda" aparece en una amplia serie de expresiones injuriosas. Se aplica a las cosas de poco valor, a personas insignificantes o despreciables, y al cobarde o al hombre pusilánime. "Esta casa es una mierda". "Te digo que Juan es una perfecta mierda". Menos común es la variante que no convierte al despreciado en la sustancia tabú, sino que se le pone en contacto con ella. "¡La querida de Satanás! Recontrafregada vieja bañada en mierda.[92] Lo engañó toda la noche. . ." (Leñero, *Los albañiles*, 26). Aún más virulenta es la forma que condena a su objeto convirtiéndolo en consumidor del elemento tabú. "¡Y las pagaron nuestros padres cuando se fueron a la Revolución para morir por ellas, para conservar las libertades en beneficio de esos rotos descosidos, hambreadores comemierdas!" (Del Paso, *José Trigo*, 347).

"Irse a la mierda" es una frase interjectiva de rechazo y denigración ("¡Vete a la mierda!"), y una fórmula de negación ("¡Que se vaya a la mierda con su invitación!"). 'Hecho pedazos o destrozado' es "hecho una mierda". "Ni mierda" es una locución reforzadora de negación ("¡Que no te doy ni mierda!"), y en forma plural el término se emplea para reforzar las expresiones interrogativas ("¿Qué mierdas ocurre ahora?"). La exclamación "¡Qué mierda!" expresa enfado, protesta, oposición, rechazo o simplemente una negación de lo que dice otro. "Tratar a alguien como mierda" se refiere a un acto de desprecio o rechazo total. "¿Que te tratan como mierdas los gringos?" (Fuentes, *La región*, 184). Y, finalmente, "hacerse mierda", o la expresión eufemística "hacerse caca", alude a una muerte violenta que produce grandes destrozos en el cuerpo (Lope Blanch, *El vocabulario*, 77).

La ventosidad es un concepto tabú que se evoca a menudo en fórmulas disfemísticas e injuriosas por medio del término "pedo". En su uso más común el término se utiliza en expresiones referentes a la embriaguez por el supuesto impacto del alcohol en la producción de la ventosidad, y el hecho de que el embriagado no puede ejercer control sobre sus funciones corporales.[93] "Un pedo" designa la borrachera; "coger pedo" y el verbo derivado "empedarse" tienen la acepción 'emborracharse'; y en su uso adjetival ("estar pedo", "andar pedo")[94] el mismo vocablo significa 'borracho'. La borrachera en extremo se califica con las expresiones disfemísticas "traer un pedo loco" o "traer un pedo atravesado".

Aunque con menos frecuencia, "pedo" también se utiliza para referirse al insulto, regaño o protesta, que figuradamente equivalen al aire que escapa del ano. "Bueno, bueno. . .¿pa' qué tanto pedo si ya te vas? Andale, pues, vete" (Lewis, *Los hijos*, 51). "Echar un pedo" es 'echar indirectas injuriosas' o 'echar bravatas o bravuconadas, amenazas o fanfarronadas'. "A ver, échate un pedo aquí, tú, Perico. No estás ahí de pendejo que ni hablas, ni nada" (Lewis, *Los hijos*, 53). La fórmula injuriosa "ni pedo" es una locución que sirve para reforzar la negación: ". . .¿pero este cabrón se va a levantar ganando? ¡Ni pedo!. . .más merezco por pendejo" (Lewis, *Los hijos*, 52).

"Ponerse al pedo" es una expresión disfemística común en el habla del macho, y tiene el significado de 'ponerse bravo, ponerse agresivo'. "—Mira, tú levantas las cosas del suelo, y yo te doy en la madre. —Ah —dice —entonces al pedo te vas a poner" (Lewis, *Los hijos*,

Larry M. Grimes

360). La misma expresión en forma imperativa es una invitación a la violencia: "¡Ya ponte al pedo, cabrón!"

15. El onanismo

Los disfemismos más comunes referentes al concepto tabú son "la chaqueta" = 'la masturbación' y "hacerse la chaqueta" = 'masturbarse'. Esta forma metafórica se basa en la forma que tiene la mano durante el acto prohibido (véase 15.5 y 16).

15.1 EUFEMISMOS POR METAFORA

-*tejer*. Es una metáfora que se basa en la similitud de acción, o sea el movimiento de la mano durante el acto tabú.

15.2. EUFEMISMOS POR METONIMIA

-*tentalearse* = 'tocarse'. La acción proscrita se sustituye con un término referente a un acto concomitante. -*tocarse* (véase "tentalearse").

15.3. NOMBRES PROPIOS COMO EUFEMISMOS

// -*la Manuela*. -*manuelearse* (véase 15.5). // -*Pascuala* (véase 15.5).

15.4. EXPRESIONES CULTAS COMO EUFEMISMOS

-*autoalivio*. "Cualquier mujer que veía se me antojaba, y cuando no podía con alguna mujer recurría al autoalivio" (Lewis, *Los hijos*, 38). // -*masturbación*. -*masturbarse*. //

15.5. EUFEMISMOS POR PARONIMIA

-*peinetero*. Es un eufemismo por similitud fonética de "puñetero" = 'el que se masturba' (véanse 15.7 y 16). // -*la Manuela*. Se disfraza el concepto tabú con un nombre propio, que, a su vez, se basa en la similitud fonética con "mano" (el instrumento por el acto mismo). -*manuelearse* = 'masturbarse'. // -*Pascuala*. Este nombre propio se basa en la similitud fonética con "pajuela" = 'masturbación' (véase 15.6).

15.6. DISFEMISMOS POR METAFORA

// -*chaqueta* = 'masturbación' (véanse 15 y 16). -*chaquetero* = 'el que se masturba en exceso'. -*hacerse la chaqueta* = 'masturbarse'. // -*paja, pajeta, pajuela* = 'la masturbación'. -*pajero, pajista, pajuelero* = 'el que se masturba'. -*hacerse la paja* = 'masturbarse'. -*pajearse, pajuelearse* = 'masturbarse'. // -*pelarse la verga*. Se emplea con las acepciones (1) masturbarse y (2) fornicar. -*pelarse el pito*. "El pito" = 'pene' por una supuesta similitud de forma.

15.7. DISFEMISMOS POR METONIMIA
// *-puñeta* = 'la masturbación'.　*-hacerse la puñeta* = 'masturbarse'.
-puñetero = 'el que se masturba en exceso'.　*-puñetearse* = 'masturbarse'.

15.8. DISFEMISMOS POR PARONIMIA
-mamalización. Al imitar la estructura fonética de "mamar", esta expresión sugiere la eyaculación por estímulo oral. De hecho aumenta la aspereza del concepto proscrito.

15.9. INJURIAS POR METAFORA
-¡Pélame la verga! Es una fórmula de abuso verbal que se emplea como desafío a la violencia física.

16. *Expresiones referentes a la masturbación*

"La chaqueta" ('la masturbación'), "chaquetero" ('el que se masturba en exceso') y "hacerse la chaqueta" ('masturbarse') eran eufemismos por metáfora en los cuales la mano se comparaba con una prenda de vestir que cubre el miembro. Estas expresiones se han convertido en disfemismos por asociación popular con el concepto proscrito que antes disfrazaban.[95] ". . .la vimos encuerada y todos nos metíamos la mano a la bolsa y haciéndonos la chaqueta y apostábamos a ver quién se venía primero" (Lewis, *Los hijos*, 34). Las expresiones señaladas han tendido a desplazar formas más tradicionales referentes a la masturbación, sobre todo en el habla juvenil.

Todavía en vigencia es la forma tradicional "la paja",[96] probablemente un antiguo eufemismo referente al pene que se aplicaba a la masturbación. De allí se contaminaba en la mente popular del concepto tabú que previamente neutralizaba. Variantes del término son "pajeta" y "pajuela", mientras "hacerse la paja" es 'masturbarse'. La acción tabú se evoca con los disfemismos derivados "pajearse" y "pajuelearse", y el que se dedica en exceso al acto proscrito es "el pajero", "el pajista" o "el pajuelero". Tanto "la paja" como "la chaqueta" son, en su origen, formas metafóricas que se refieren exclusivamente al acto proscrito entre los hombres, dado su alusión al miembro viril. Es sólo por extensión tardía que estas formas se utilizan para designar la misma acción ejecutada por la mujer.

"¡Pélame la verga!",[97] o la forma abreviada "¡Pélamela!", son fórmulas de abuso verbal que evocan el tabú para retar al contrincante a la violencia física. Como toda fórmula de esta índole, expresa el enfado extremo del hablante al mismo tiempo que denigra al objeto de su ira. La expresión también se emplea en el sentido de 'fornicar', pero al asociar el coito con la masturbación tiende a convertir a la mujer en objeto pasivo, así denigrándola. "Quedaron como tres muchachos, mi hermano y yo. Y uno de ellos le dijo a mi hermano: —Andale, negro, tú pélate con tu hermana!" (Lewis, *Los hijos*, 135). "Te acuerdas cuando me pelé con la güera esa, y ya no nos vimos..." (Fuentes, *La región*, 195). Y aunque el significado 'morir' del verbo "pelarse" data de otro proceso asociativo (la transferencia metafórica de 'cortar o quitar el pelo' = 'irse, huir' = 'perder la vida'), es inevitable que se asocie en un nivel secundario con el sentido figurado sexual.[98]

Los disfemismos "la puñeta" (de "puño" = 'mano cerrada'), "puñetero"[99] y "hacerse" o "correrse la puñeta" datan de antiguos eufemismos metonímicos (el instrumento por la acción) que se han contaminado del concepto proscrito. También se emplean ocasionalmente como expresiones de abuso verbal. En su uso adjetival "puñetero" expresa el enfado o el disgusto del hablante, y su rechazo del objeto así calificado ("Estoy harto de este puñetero mundo"). El concepto proscrito también aparece en exclamaciones de rechazo, desprecio y/o desafío: "¡Vete a hacer puñeta!"; "¡Vete a hacer puños!".

El coito

17. *Copular*

En México el disfemismo "standard" referente a la acción proscrita es "coger". O es un antiguo eufemismo de la forma tradicional "joder" por metonimia ('asir, agarrar, tomar' = una parte del acto prohibido por el todo) y paronimia ("jo/der" = "co/ger"), y/o representa la aplicación al ser humano de un término que en España se emplea sólo para el acto erótico entre los animales (M. Alonso, *Enc.*). En la acepción señalada anteriormente el término ha sido desplazado por "agarrar".

17.1. EUFEMISMOS POR METAFORA

-*abrir el camino tostonero* = 'desvirgar a la mujer'. El "tostón" es una moneda de cincuenta centavos. -*abrochar(se)*. Por la similitud de acción; también, 'matar' (véase 19). -*abusar (de una mujer)* (véase 22). -*achaflanar* o *chaflanar* = metáfora por similitud de acción. -*afilar el fierro*. "Fierro" es 'pene' en el habla popular. -*agujerar* = 'hacer una abertura redonda', también, por una supuesta similitud de acción, (1) 'desvirgar a la mujer' y (2) 'fornicar'. "Cuando nomás tenía tres años el hombre que la pretendía, un hombre de 32, se la robó y abusó de ella y como la había agujerado y ya no valía nada, su papá le puso una monda y la hizo casar con el señor" (Lewis, *Los hijos,* 310). *-ajusticiar* = 'copular', probablemente por extensión del significado 'matar' (véase 19). *-alcanzar taco.* Se neutraliza el concepto prohibido por medio del humor. "Taco" designa la vulva en el habla popular. *-amancillar* (véase 22). *-amolar* = 'fornicar', como extensión del sentido figurado 'fastidiar, molestar mucho, causar grave perjuicio' (véase 22). El último significado, a su vez, representa una extensión metafórica de su acepción original 'afilar un arma o instrumento. *-aplicar una inyección* o *aplicar una inyección intrapierna* (cuyo impacto humorístico es resultado de la similitud fonética con "intravenosa"). *-aplicar una transfusión de mocodilato de sodio.* "Moco" es un eufemismo de 'semen'. *-aprovechar(se de una mujer)* (véase 22). *-arremangar* o *remangar.* Son formas eufemísticas que se originaron a base de la similitud de acciones. De 'recoger las mangas hacia arriba' el verbo sufrió una extensión semántica a 'cortar o quitar el pelo'. De allí se asoció con "pelar(se)" cuyo significado erótico es (1) masturbarse y (2) copular. *-atornillar.* *-bombear(se).* Esta metáfora se basa en la similitud de movimiento.[100] "Vieja que se sube al coche, vieja que me bombeo" (Fuentes, *La región,* 12). *-burlarse (de una)* (véase 22). *-cebar.* Del eufemismo "cebo" = 'semen'. *-cepillarse (a una mujer)* = 'fornicar', probablemente por extensión del significado figurado 'matar o asesinar' (véase 19). *-clavar(se a una mujer).* Es un eufemismo por una supuesta similitud de acciones. *-coyolear* = 'juntar coyales, la fruta de una palmera' = 'fornicar'. *-cumplir con la obligación.* En este caso la "obligación" puede ser la del hombre, o la de la mujer. *-dar caldo.* "Caldo" es 'semen'. *-dar chocolate* o *chocolatear* = 'fornicar', probablemente por extensión metafórica del significado 'matar' (véase 19). *-dar un mal paso* (véase 22). *-checar medidas* o simplemente *checar.* Es un eufemismo por metáfora que data de la palabra inglesa "check" ('verificar'). Es probable que llegó a México de los hispanohablantes de Texas, donde es de uso común (Kany, *Am.-Sp. Euph.* 183). *-dar el brinco* = 'fornicar' y 'matar' (véase 19). *-descorchar (a la mujer)* = 'desvirgar a la mujer' (el himen se compara a un corcho) y, por extensión, 'fornicar'. *-desfondar* (o su forma popular *desfundar*). Se emplea en el sentido de 'desvirgar'. *-desgraciar* (véase 22). *-deshonrar* (véase 22). *-desquintar* = 'desvirgar a la mujer'. El "quinto" es una moneda de cinco centavos, y aquí se compara al himen de la mujer. "Perder el quinto" es 'perder la virginidad'. *-echar un capirote* (o su variante *echar un capirucho*). En esta expresión parece que el condón se compara con el capirote que usan los penitentes

53

de Semana Santa. *-echar mecate.* "Mecate" ('cuerda fibrosa') es un eufemismo metafórico referente al pene. *-echar a perder* = 'desvirgar a la mujer' y 'matar' (véase 19 y 22). *-echar corcovia* (o *echar corcova*).[101] Es el resultado de una relación metafórica que expresa el concepto erótico por medio de una supuesta similitud de movimiento. *-echar uno de entrada por salida. -embarquillar.* Parece ser un eufemismo metafórico a base del significado 'envolver'. *-emboquillar.* Es una metáfora a base de una supuesta similitud de acciones ('poner a los cigarrillos de papel una boquilla o tubo' = 'copular'). *-fastidiar.* Es un eufemismo de "coger", "chingar" y "joder" en la mayoría de sus usos (véase 23 y 24). // *-fregar.* Es un viejo eufemismo de "chingar" en su sentido de 'copular' por metáfora (una supuesta similitud de acciones) y paronimia. Actualmente "fregar" sustituye a "chingar" en todos sus usos figurados, así convirtiéndose en injuria por contaminación del verbo tabú sustituido. Véase la sección 24 para un análisis de las formas derivadas siguientes: *-fregada. -fregadazo. -fregadera. -fregadero. -fregal. -fregantina. -fregazo. -fregazón. -llevárselo la fregada.* // *-hacer el amor.* Es una vieja expresión eufemística que entró en la lengua como galicismo ("faire l'amour"). Originalmente era una metáfora culta y literaria con la acepción 'enamorar' (Baralt, *Diccionario*; Mir y Nogueda, *Prontuario*, t. II, 26). "Creo yo que mi papá le haya hecho el amor a una mujer" (Lewis, *Los hijos*, 23). *-hacer chumpepe* (o las múltiples variantes "chumpipe", "chumpipa", "chompipe", y las formas abreviadas "chumpe", "chumpa", "chompe" y "chompa"). "Chumpipe" significa 'pavo', y es un nombre onomatopéyico que imita el sonido del pájaro en cuestión (Kany, *Am.-Sp. Euph.*, 53). Es posible que la metáfora se base en una comparación con el acto sexual entre las criaturas señaladas, o que aluda a los sonidos emitidos durante el coito. Otra posibilidad es una alusión a la supuesta capacidad mental del pájaro, puesto que la forma derivada "chumpipear" (o "chompipear") significa 'andar vagando como tonto', y una "chumpipeada" (o "chompipeada") es una 'tontería'. Así "hacer chumpepe" puede referirse al coito por medio de la extensión del significado 'hacer una tontería, una estupidez'. *-hacer el daño* = (1) desvirgar a la mujer y (2) copular (véase 22). *-hacer la desgraciadura* (véase 22). *-hacer el favor.* Es uno de los pocos eufemismos que convierte al coito en un acto positivo, por lo menos desde el punto de vista del agente masculino. La misma expresión tiende a denigrar a la mujer. *-hacer la grosería* (véase 22). *-hacerla mala, hacer la maldad, hacer algo malo* (véase 22). *-hacerla suya.* Esta metáfora se basa en la percepción del coito como acto de posesión de la mujer por el hombre. *-hacer tortillas.* Es un eufemismo humorístico que compara la acción de los estómagos durante el coito a la de las manos al formar la masa de maíz en tortillas. *-hostigar.* Alude al acto sexual por medio del concepto 'azotar, castigar con látigo, vara o cosa semejante'. *-hostigar la pepa.* "Pepa" es un eufemismo metafórico referente a la vulva por una supuesta similitud de forma y color. *-hostigar el pérdigo.* "Pérdigo" es una metáfora popular referente a la vulva por similitud de consistencia, forma y color. *-hostigar el rulacho.* "Rulacho" es 'la vulva de la mujer'. *-humedecer el pizarrín.* "Pizarrín" es un eufemismo referente al miembro viril. *-ir(se) a un entierro.* Es un eufemismo humorístico que depende del doble sentido de "entierro". El cadáver se entierra en el camposanto, y el miembro viril, en el cuerpo de la mujer. *-ir(se) a la lucha libre; ir(se) a la lucha libre a calzón quitado.* A pesar de ser eufemismos humorísticos, expresan el concepto prohibido en términos de la violencia física. *-írsele los pies (a la mujer)* (véase 22). *-ir(se) a un sepelio* (véase 19).

// *-jorobar.* Es un viejo eufemismo de "joder" por paronimia y metáfora (la similitud de movimiento) o por extensión semántica del sentido figurado 'molestar'. Esta forma se va transformando en injuria al contaminarse del significado que antes disfrazaba. *-mancillar* (o *amancillar*). El acto sexual se compara al acto de 'derribar un novillo fijándole los cuernos en tierra'. *-mojar el barbón.* "Barbón" significa 'vulva'. *-ofender* (véase 22). *-palearse.* Es un eufemismo por derivación a base de la expresión metafórica "un palo" = 'el miembro viril'. *-panochambear.* Es un verbo compuesto del sustantivo "panocha" ('vulva') y la forma popular "chambear" ('trabajar'). Tiene dos acepciones: (1) 'fornicar' y (2) 'vivir del sexo', referentes al hombre o a la mujer. *-parchar (emparchar).* *-pasar(la) por las armas* (véase 19). *-peinar.* Se refiere a la acción del miembro durante el coito. *-pepenar.* Del nahuatl "pepena" = 'recoger lo esparcido por el suelo (véase 22). *-hacer perder el medio* = 'desvirgar a la mujer'. Esta expresión eufemística data del significado arcaico del sustantivo "medio" = 'antigua moneda, mitad de un real fuerte y equivalente a treinta y un céntimos de peseta' = 'el himen de la mujer'. *-hacer perder el quinto* = 'desvirgar a la mujer'. El himen se compara a una moneda de cinco centavos. ". . .se le ocurrió irse a juntar con Jaime después de haber perdido ya su quinto" (Lewis, *Los hijos*, 464). *-hacer perder los seis centavos.* Una simple variante de la expresión "hacer perder el quinto". *-perjudicar* (véase 22). *-pertenecer (a uno).* Un eufemismo tradicional que disfraza el concepto tabú con la idea de la posesión. Esta expresión tiende a denigrar a la mujer al objetivarla. ". . .al llegar aquí nosotros no había ninguna mujer joven que no hubiera ya pertenecido a uno o dos orozquistas" (Guzmán, *Memorias de Pancho Villa*, 191). *-ponchar.* Del inglés "puncture" ('punzar, pinchar'). Es un eufemismo metafórico a base de una supuesta similitud de acción. *-ponerle collar a la pescuezona.* "La pescuezona" es un eufemismo humorístico de "verga" = 'el miembro viril'. *-poseer.* Un viejo eufemismo que califica y disfraza la acción prohibida con la idea de la posesión. *-querer tripas.* "Tripas" es un eufemismo referente al pene por una supuesta similitud de forma. Tiscornia ("La lengua", 91) señala el mismo uso en Argentina, pero no lo incluye Santamaría. "¿Se puede usted imaginar lo que sentí cuando me dijo que había tenido treinta mujeres, algunas de ellas madres de sus hijos?. . .él me señó una que le salió al paso y le dijo: 'Oye, Medio Kilo, quiero unas buenas tripas, voy al rato.' Y vimos a sus hijos jugando ahí en la calle" (Lewis, *Los hijos*, 407). *-raspar* (véase 19). *-rajar* (véase 19). *-rayar* (véase 19). *-rebanar.* Se basa en una supuesta similitud de acción ('cortar' = 'fornicar'). *-resbalarse.* Se dice de la mujer (véase 22). *-revisar los interiores. -robar la virginidad* (véase 22). *-ser mía; ser suya.* El concepto tabú se disfraza con expresiones referentes a la posesión. "Entonces después de eso le empezó a meter otro muchacho; se le empieza a meter, se le empieza a meter y cuando menos pienso, ya eran novios. Yo ya la había conocido en cuerpo, no había sido mía, pero no se me podía borrar aquello" (Lewis, *Los hijos*, 379). *-sonar los seis fierros* = 'desvirgar a la mujer'. Alude a la expresión "hacer perder los seis centavos". "El fierro" es 'un centavo'. *-soplar.* 'Fornicar', por extensión semántica del significado 'matar' (véase 19). *-subir al guayabo.* Este eufemismo tabasqueño depende del doble sentido de "guayabo": (1) el árbol, y por una supuesta similitud de forma (2) 'la vulva'. *-tapar* (o *taponear*), referente a la vulva. // *-tiznar.* Es un antiguo eufemismo de "chingar" que se ha contaminado del concepto tabú. Actualmente sustituye al otro verbo proscrito aun en su uso figurado (véase 25 para un análisis de esta forma y sus derivados). *-tiznada. -tiznadera. -hijo de la tiznada. -llevárselo a uno la tiznada. -tiznar uno a su madre.* // *-tener asamblea. -tener un descuido.* Se emplea referente a la mujer (véase 22). *-tener una desgracia.* Se emplea referente a la mujer (véase 22). *-tener(le) ganas. -tomar medidas por dentro. -trincar* (véase 19). *-trincharse.* En el habla popular la forma "trinche" designa el cuchillo o el tenedor (Santamaría; Velasco Valdés, *Rep.*, 182; Kany, *Semántica*, 145; M. Alonso, *Enc.*).

El uso eufemístico del verbo (una metáfora por similitud de acción) se basa en la acepción 'punzar, picar, clavar o prender con un objeto punteagudo'. "¿Qué tal, Tuno, las viejas que te trinchas por allá?" (Fuentes, *La región*, 190). *-tronar(se a una mujer)*. Es un eufemismo de "coger" por extensión metafórica del significado 'matar' (véase 19) o por metonimia ("hacer tronar el cuerpo de la mujer" = una supuesta acción concomitante del acto sexual). *-tumbar(se a una mujer)*. Es un eufemismo referente al coito por extensión metafórica del significado 'matar' (véase 19) o por metonimia. *-usar; hacer uso de la mujer*. Son eufemismos despectivos que convierten a la mujer en objeto de un acto mecánico. " 'Pos de puta quién sabe quién sea más' le digo. 'Yo todos los hijos que tengo son de un sólo padre, porque hasta la fecha tú no me has acomodado para que otro me use'" (Lewis, *Los hijos*, 464). "Pero yo había quedado de acuerdo con otros y en un puesto la metieron, la violaron y la mataron. Dicen que tantos hombres hicieron uso de ella que hasta el ano le salió" (Lewis, *Los hijos*, 146).

17.2. EUFEMISMOS POR METONIMIA

-abandonarse. Referente a la mujer. El acto tabú se disfraza con el nombre de una acción concomitante ('dejarse dominar por las pasiones. . .'). "Después de hora y media de estar forcejeando con ella se abandonó" (Lewis, *Los hijos*, 177). *-abrazar*. Un eufemismo metonímico que expresa el concepto tabú por medio de una acción concomitante. "Abrazar a fuerza" es 'violar'. "Me di cuenta que él estaba en la actitud del hombre que quiere abrazar a fuerza a una mujer". *-acomodarse*. Se emplea referente al miembro viril. ". . .después de estar forcejeando con ella, se abandonó. Sería que yo había gastado muchas energías, no sé que cosa, pero pues ya no podía. . . .Pues al cabo del tiempo sentí que reaccionaba y dije: 'antes de que se arrepienta, de que se vuelva a caer, me acomodo'" (Lewis, *Los hijos*, 177). *-agarrar*. Es un eufemismo por irradiación sinónima de la forma "coger". Desde el punto de vista del concepto prohibido, es un eufemismo por metonimia (una parte del acto por el todo). "Claro, al poco andar, porque tiene que ver con la muchacha, la jaló, la agarró" (Lewis, *Pedro Martínez*, 266). (Véase también "jalar," "jalonear" y "hacer jale"). *-amar*. Es un eufemismo antiguo que expresa el acto físico por una supuesta condición espiritual concomitante. *-andar por las caderas*. // *-ayuntarse*. Este eufemismo evoca una acción concomitante ('juntarse') para disfrazar el concepto tabú. También se emplea en el sentido de 'cohabitar' (véase "ayuntamiento" en la sección 25).

Larry M. Grimes

-bajar(le) los calzones (a la mujer). "En otra acción la fui a ver y quise bajarle los calzones, pero a la hora de ir a hacerlo que me paro pero reespantado porque tenía sangre" (Lewis, *Los hijos*, 41). *-cargar.* El uso eufemístico del término puede resultar de la extensión metonímica de los significados (1) 'poner una carga sobre algo o alguien', (2) 'hacer sostener un peso', (3) 'atacar, acometer', (4) 'fastidiar, molestar', o, por extensión metafórica, de la acepción 'introducir una bala o cartucho en la recámara de un arma.' Kany (*Am.-Sp. Euph.*, 184) cree que es una extensión a los seres humanos del sentido 'atacar' aplicado a los animales: "El toro cargó dos vacas más" (véase también Sandoval, *Semántica guatemalense*). // *-casarse.* Es un eufemismo metonímico que se utiliza entre las clases populares para referirse al coito y la cohabitación (véase 25). *-casarse con todos.* Esta expresión se emplea para referirse a la promiscuidad o la prostitución. *-casarse en la puerta* = 'una aventura amorosa de poca duración'. *-cohabitar.* Es un eufemismo metonímico culto. *-conocer.* Es un eufemismo antiguo que generalmente aparece en un contexto literario y/o religioso. "Y José no conoció a María hasta que conoció a su hijo primogénito" (Lewis, *Pedro Martínez*, 192). Más común en el habla popular es la expresión "conocer en cuerpo", referente al acto físico. *-coyuntarse* (véase la forma sinónima "juntarse"). *-chinar (rechinar) la cama.* El acto tabú se expresa por medio de una supuesta acción concomitante. *-chivar.* Es un eufemismo metonímico derivado de "chivo" por la fama que tiene ese animal de lascivo. *-dar cuerpo.* *-dar(se) buen tiempo; dar(se) gusto; darse gusto al cuerpo.* Son expresiones eufemísticas que comunican el concepto tabú por medio de una reacción emotiva concomitante. "La mujer piensa una cosa: 'Caray, mi marido. Yo quiero darme gusto con él, pero qué cosa, muy seco' " (Lewis, *Pedro Martínez*, 257). "Era viejo y podía hablarle claro a una muchachita tan buena como la Celerina: hay que darle gusto al cuerpo" (Leñero, *Los albañiles*, 157). *-dar para adentro.* *-desahogarse.* *-descargarse.* "El era de esos hombres muy bajos que quieren lo peor de las mujeres. Que si estaba en la casa un momento solo conmigo era eso. . . .Sólo me tuvo para descargarse" (Lewis, *Los hijos*, 298). *-desgastarse.* El acto tabú se comunica por una expresión referente a su resultado ('perder fuerza, vigor o poder'). "Los dos fuimos de fiesta en busca de muchachas. . .después de tanta cárcel sentía yo el vigor recreciéndome en todo mi cuerpo, y necesitaba desgastarme según es la ley que se desgasten todos los hombres" (Guzmán, *Las memorias*, 170). *-desgastar el petate.* El "petate" es 'estera de palma para dormir'. *-dormir con alguien.* El

58

acto proscrito se disfraza por medio de un término referente a una acción concomitante. "El vecino me veía solita y empezó a decirme cosas: que me fuera a dormir con él" (Lewis, *Pedro Martínez*, 86). El verbo "dormir", por extensión del sentido 'adormecer', también se emplea referente al acto de seducción. Entre las pandillas de El Paso, Texas, se utiliza la expresión metafórica "dormir el gallo" referente al fracaso en el acto sexual ("gallo" = 'pene' por similitud de forma) (Coltharp, *Tongue of the 'tirilones'*, 179). *-echar (a una mujer)*. El término tabú se sustituye con una expresión referente a una acción concomitante. Es una de las expresiones eufemísticas más comunes en el habla popular para designar el acto sexual. "Agarré y le puse la mano entre las piernas: 'Y luego se trata de hacerle así'. Alberto en eso me hace señas que la echara" (Lewis, *Los hijos*, 40). *-empelotarse*. Es un eufemismo referente al coito por extensión metonímica de su sentido coloquial 'desnudarse', una acepción común en el habla popular de varios países (para Andalucía véase Alcalá Venceslada, *Vocabulario andaluz*; para Colombia, Acuña, "Dicc."; para Cuba, C. Suárez, *Voc. cubano*). El sentido de 'fornicar' se ha anotado en México, Texas y Cuba (Kany, *Am.-Sp. Euph.*, 162), y en México la forma "pelota" significa 'prostituta'. *-empujar o arrempujar*. Se expresa la idea tabú con una acción concomitante. *-enamorar(la)*. Es un viejo eufemismo que designa el acto proscrito refiriéndose a un estado emotivo concomitante. ". . .don Maclovio tenía una entendida, y este Heraclio la enamoró, este mal hombre amenazó a la muchacha diciéndole que ya no era señorita" (Lewis, *Pedro Martínez*, 196). *-encerrarse en un cuarto*. *-entrar en relaciones*. *-entregarse, entregarse en cuerpo*. Se expresa el concepto tabú por medio de un acto concomitante. ". . .era señorita y muy pasiva. Nomás se entregó y fue todo" (Lewis, *Los hijos*, 339). "Fue en Monterrey en donde en realidad fui entregada en cuerpo y alma a Mario, mejor dicho, nada más en cuerpo, porque no le quería ya" (Lewis, *Los hijos*, 416). *-estar con el hombre, estar con la mujer*. "Un doctor homeopático me dijo que la calentura de la mujer es más fuerte que la del hombre. Y así es que cuando uno está con una mujer mexicana. . .y que más le da, más quiere. No les satisface uno, tienen un temperamento muy alto. Y hay mujeres que no pueden estar un día sin el hombre" (Lewis, *Los hijos*, 503). *-estar en la intimidad*. *-forzar* = 'violar'. "Tampoco puede decir que él me haya forzado, hasta cierta forma no me forzó" (Lewis, *Los hijos*, 459). *-forzarse*. "La que se forza un poquito, que demuestra un poco de pudor, me pone más excitado" (Lewis, *Los hijos*, 39). *-gozar*. Se expresa el concepto tabú por una emoción positiva concomitante. "Si les gustaba una muchacha la conseguían; siempre gozaban buenas mujeres por el poder que tenían" (Lewis, *Pedro Martínez*, 67). *-hacer hijos.* El resultado de la acción tabú sustituye al término referente al acto mismo. *-irse a la cama.* ". . .una vieja como usted se va a la cama con cualquiera" (Lewis, *Los hijos*, 270). *-irse a un hotel.* El lugar de la acción sustituye al término referente a la acción tabú misma. *-irse juntos.* Una acción concomitante expresa el concepto tabú. *-irse al monte.* Una expresión referente al lugar del acto tabú sustituye al término referente al acto mismo. *-irse a la oscuridad. -irse con alguien.* "En pláticas con las muchachas yo oía que cuando una muchacha se iba con un hombre que sangraba mucho. Cuando me vi el calzoncillo manchado me puse a pensar: 'Pos si yo no me he ido con nadie' " (Lewis, *Los hijos*, 152). *-jalar; jalonear; hacer jale; hacer jaloneada.* El concepto tabú se expresa por medio de un acto concomitante. // *-juntarse* o *arrejuntarse (con alguien).* Son expresiones metonímicas que disfrazan el concubinato y, por expresión semántica, el coito (véase también 25). *-ir(se) a la junta de conciliación.* Es una variante humorística de la fórmula "juntarse" referente al coito. // *-llevársela a un hotel.* " 'Manuel, usted siempre me ha pedido que me case con usted, ¿no? Pues vámonos ahorita.' 'Bueno. . .me la llevé a un hotel' " (Lewis, *Los hijos*, 379). *-meter mano.* Es un eufemismo cuyas dos acepciones ('usar, valerse de' y 'tocar') disfrazan el concepto tabú por extensión metonímica. "Cuando llegó María le dije: 'me voy a ir'. '¿Para dónde?' me dice. 'Pues no sé, pero yo me voy, para que luego ya así digan. . .no que nomás ahora cualquiera viene y mete mano. . . parezco pila de agua bendita' " (Lewis, *Los hijos*, 467). *-meterse con alguien.* Es una expresión eufemística utilizada referente al concubinato y, por extensión, al coito (véase 25). *-montarse (en una mujer).* Es un eufemismo metonímico con connotaciones peyorativas, puesto que la mujer se compara tácitamente a un animal. "Se humilla la mujer, y lo acoge de nuevo, con la ternura de su voz de enamorada. El hombre, enardecido, se le acerca y le grita: '¡Estúpida! ¡Yo me vine escondiendo! ¡Y me he montado en ti como un animal! ¡Como un bestia! Y siempre borracho y con mucho asco!' " (Pareyón, *Los de hasta abajo*, 72). *-pegarse o repegarse a alguien.* ". . .esa noche no debía repegarse a ningún hombre porque estaba brava la luna" (Rulfo, *Pedro Páramo*). *-percudir el colchón. -quebrarse los huesos (a una).* El significado tabú se expresa con una supuesta acción concomitante. "Es que estaban viejas. A él le gustaban tiernas; que se les quebraran los güesitos" (Rulfo, *El llano en llamas*, 139). *-que-*

rer hombre. Se alude al concepto tabú por medio de una condición
concomitante. "Ya quiso hombre, pos ya ¿qué quieres que le haga?
Ya déjala, ni modo que la maten" (Lewis, *Pedro Martínez*, 328).
-regresar con alguien. ". . .y hasta se desnudó, para que él no encon-
trara dificultades. Pero Pedro Páramo jamás regresó con ella" (Rulfo,
Pedro Páramo, 110). *-sentarla; darle una sentada*. El verbo tabú se
sustituye con un término referente a una postura asumida durante el
acto sexual. *-sentirse bien*. El concepto tabú se disfraza con una expresión referente a una condición emotiva concomitante. *-ser feliz*.
(Véase "sentirse bien"). ". . .le quitaría ideas chuecas, se la dejaría aguadita aguadita para que luego llegara Isidro y zácatelas, ser feliz" (Leñero, *Los albañiles*, 60). *-subírsele (a la mujer)*. Es una expresión
eufemística de connotaciones peyorativas al convertir a la mujer en
objeto. ". . .es la única mujer a la que me le subí unas ocho o nueve
veces. . ." (Lewis, *Los hijos*, 39). *-tenderse. -tenerla; tener el cuerpo (de una)*. El concepto tabú se expresa por medio de un concepto
contiguo, o sea el de la posesión. "Voy a esperar para cuando te cases.
Ya casada me será más fácil tenerte. . .tener tu cuerpo que es lo que
quiero" (Lewis, *Los hijos*, 257). *-tener historias con alguien. -te-
ner que ver con alguien*. "De Gloria yo fui amante un tiempo, pero
ella no andaba diciendo que yo tuve que ver con ella" (Lewis, *Pedro
Martínez*, 315). *-tener junta de ombligos. -tirar (a la mujer)*.
'Fornicar' y 'matar' (véase 19). *-tocar*. El concepto tabú se expresa
con un acto concomitante. "El estaba desposado con María, pero no
la tocaba" (Lewis, *Pedro Martínez*, 189). *-tronar(se a una mujer)*.
Alude al concepto tabú por medio de una supuesta circunstancia concomitante ('causar gran ruido' y, en México, por extensión semántica, 'quebrar'), o por extensión metafórica de su significado figurado
'matar, asesinar' (véase 19). *-tronar el esqueleto*. El concepto proscrito se expresa por medio de una supuesta acción concomitante ('hacer sonar' = 'quebrar' el esqueleto). *-tronar los huesos* (o *huesitos*).
-tronar el parche. "Parche" es un eufemismo metafórico referente al
himen de la mujer. Esta expresión significa 'desvirgar a la mujer' y,
por extensión, 'fornicar'. *-tronar el quinto* = 'desvirgar a la mujer'.
"El quinto" se refiere al himen de la mujer. *-tronar el tambor* = 'desvirgar a la mujer'. "El tambor" es un eufemismo metafórico referente
al himen de la mujer. *-tumbar(se a una mujer)*. El concepto proscrito se disfraza con una expresión referente a un supuesto acto concomitante, o por extensión metafórica del significado 'matar' (véase
19). *-venir* = 'tener orgasmo' = 'copular'. *-vivir con alguien*. Es

un eufemismo referente al acto sexual por extensión metonímica del significado 'cohabitar' (véase 25).

17.3. EUFEMISMOS POR EXPRESIONES DE SENTIDO GENERAL
-consumar el acto. La falta de especificidad disfraza el concepto tabú. ". . .cuando. . .comenzó nuevamente a besarme y acariciarme me desperté desesperada y no encontraba la forma de correr, pero sus palabras y sus caricias me doblegaron. Mario consumó su acto" (Lewis, *Los hijos*, 417). Desde el punto de vista del hablante común se debe considerar una expresión culta. *-dejar(la) sin cosa* (o *cosita*) = 'desvirgar a la mujer'. *-funcionar.* ". . .algunas veces se hacen las cosas por conveniencia, ya no por uno, por el deseo sexual. Yo no tengo ya veinte ni veinticinco años. Sí, claro, aún puedo funcionar. . ." (Lewis, *Los hijos*, 505). *-hacer aquello.* *-hacer la cosa sexual.* "Entonces yo me subí también, y vi cuando estaban haciendo la cosa sexual, y eso me excitó mucho" (Lewis, *Los hijos*, 80). *-hacer la cosita.* *-hacer eso.* "Yo creo que fue un rozón y por eso se infectó, por hacer uso de mi mujer. Es que la sangre se envenenó por tanto hacer eso" (Lewis, *Pedro Martínez*, 332). *-hacerlo; hacérsele.*

17.4. EXPRESIONES INFANTILES COMO EUFEMISMOS
-jugar a marido y mujer. *-jugar al papá y a la mamá.* "Se me grabó aquello y después ya quise experimentar aquello con las chamaquitas de la vecindad. Y jugábamos al papá y a la mamá" (Lewis, *Los hijos*, 21).

17.5. EXPRESIONES CULTAS COMO EUFEMISMOS
-cohabitar = 'vivir en el concubinato'; por extensión metonímica esta expresión culta también se emplea referente al coito. *-cometer adulterio.* "No es pecado tener marido, tener mujer, no. Esos eran justos, que nunca cometieron adulterio, o algún robo ni otras cosas pecaminosas" (Lewis, *Pedro Martínez*, 192). *-copular.* *-fornicar.* *-hacer el coito.*

17.6. EUFEMISMOS POR ELIPSIS
-a qué hora y a dónde (. . .). Es un eufemismo por eliminación del verbo tabú. "Así hay que dejarlas hasta el día en que uno sienta que ya se les están quemando las habas por saber a qué hora y a dónde" (Leñero, *Los albañiles*, 12). *-(. . .) de perrito.* Es un eufemismo por eliminación del verbo tabú en una expresión referente a una postura asumida durante el coito. "A pesar de que estaba muy chico ya me platicaba que de la cama, y que de perrito, y que posturas y todas esas cosas" (Lewis, *Los hijos*, 34). *-decir (. . .).* "Y claro, pues yo, al ser

muchacho, ansioso de todas, pues le dije y no dijo que no. (. . .) A los cuantos días me dice 'pos ora sí, lo que deseabas' " (Lewis, *Pedro Martínez*, 34). *-dejarse (. . .)*. "Yo le decía: 'Los hombres nomás juegan con una, ¿por qué se han de casar?' Entonces ella me decía: 'Así son y tienes que dejarte' " (Lewis, *Pedro Martínez*, 49). *-lograrse (. . .)*. "Y cuando ya se logró, dejarla por la paz luego luego antes de que la muy maldita lo mande a uno al carajo" (Leñero, *Los albañiles*, 14). *-llegar (. . .)*. "Nunca se me hizo con las sirvientas porque mi papá había llegado primero" (Lewis, *Los hijos*, 38). *-perder (. . .)*. Es un eufemismo que elimina el término tabú referente a la virginidad. "Claro, cuando las ve uno les dice: '¿Cómo perdiste, en cama o en petate?' " (Lewis, *Pedro Martínez*, 145). *-poder (. . .)*. "Le digo: 'Por ora ya no podemos'. Dice: 'Sí se puede; tú dices que te vas a la calle y te espero abajo de los plátanos en el corral' " (Lewis, *Pedro Martínez*, 364). *-querer (. . .)*. "Después de eso, Gloria se enojó conmigo y ya no quiso. Nomás por lo de Rutila se enojó y me dejó" (Lewis, *Pedro Martínez*, 318). *-saber el modo (. . .)*. "Celerina no tenía más que dejarse: Isidro ya sabía el modo" (Leñero, *Los albañiles*, 157). *-seguir (. . .)*. "Ella quería allá porque todos los días, todos los días y las noches. Sí, por eso es que ella quería allí. 'No tengas cuidado' le digo 'vamos a seguir' " (Lewis, *Pedro Martínez*, 318). *-servir (. . .)*. "Bueno, pues, claro, uno abusa de la vida sexual. . .A mí, mi doctor Santoyo. . .me contó que él se había puesto y había puesto inyecciones a muchachos de quince años que ya no servían" (Lewis, *Los hijos*, 503). *-todos los días (. . .)*. "Pero ésa, újule, ésa sí, estaba más caliente, todavía más que Gloria. . . (. . .) Pos todos los días, todos los días y hasta me espantaba" (Lewis, *Pedro Martínez*, 317). *-(. . .) dos (tres, cuatro, etc.) veces por semana*. ". . .salen de vez en cuando por ahí a darse una vuelta, en una forma muy discreta, y se buscan un amante porque su marido no les satisface. A mí me han tocado varias así. Uno no les satisface. Yo me cuido; cuando mucho, dos veces por semana" (Lewis, *Los hijos*, 504).

17.7. EUFEMISMOS POR PARONIMIA

-¡Chihuahua! Es una exclamación de enfado, sorpresa o asombro que originó como eufemismo por similitud fonética de "¡Chingada!" (véase 24). El hablante común no es consciente de su motivación original, y ahora es una expresión común aun en el habla femenil. *-chintetes*. Es un eufemismo por paronimia de "chingados" (véase 24). *-rechintola*. Sustituye la forma "rechingada" (véase 24). *-panochambear*. Es un eufemismo por composición y paronimia que se

Larry M. Grimes

basa en las formas populares "panocha" ('vulva') y "chambear" ('trabajar'). Tiene tres acepciones: (1) 'copular', (2) 'ejecutar el acto de cunnilingus' y (3) 'no trabajar para dedicarse al sexo'.

17.8. DISFEMISMOS METAFORICOS

-echarse un palo. Es un viejo eufemismo por metáfora ("palo" = 'pene' por similitud de forma) que se ha convertido en disfemismo al adquirir el significado tabú que antes disfrazaba. "Total un palito que te eches, para que sientes y te vuelvas hombre" (Lewis, *Los hijos*, 80). "Como se dice vulgarmente, sólo echo dos palos" (Lewis, *Los hijos*, 504). El término "palo" también se emplea en los sentidos de (1) 'fraude, engaño vil al hacer una transacción' y (2) 'fracaso'. Las expresiones "palearse", "irse de palo", "meterse el palo atravesado" y "meterse el palo doblado" tienen la acepción 'timar, engañar o defraudar' (Trejo, *Léxico*, A232, A233).

17.9. DISFEMISMOS METONIMICOS

-abrir las piernas. Esta expresión no sólo evoca el concepto tabú, sino que aumenta su aspereza. *-coger(se)*. Es el disfemismo "standard" empleado referente al acto sexual (véase 17 y 23). *-culear(se)*. Es un disfemismo derivado de la forma "culo" que por asociación metonímica (la contigüidad anatómica) y metafórica (similitud de forma) se emplea con el significado 'vulva'. El verbo señalado también tiene implicaciones del coito anal (véase 24). *-enverijarse*. Esta forma se deriva del sustantivo "verija" = 'la región genital'. *-pelarse la verga; pelarse*. El significado 'fornicar' de las formas en cuestión es una extensión metonímica del sentido 'masturbarse'. Al expresar el acto sexual en términos del onanismo, estas expresiones aumentan la aspereza del primer concepto y denigran a su objeto. "Te acuerdas cuando me pelé con la güera esa, y ya no nos vimos. . ." (Fuentes, *La región*, 195).

17.10. INJURIAS ETIMOLOGICAS

// *-joder*. Deriva del latín "futuere" = 'practicar el coito'. En andaluz es [hoder], pronunciado [xoder] por los castellanos. (Véase Otero, *Evolución*). En México se emplea sólo en sus sentidos figurados de (1) 'herir, hacer daño de cualquier índole' o (2) 'irritar o molestar en grado extremo'. (Véase 23 para un análisis del verbo proscrito y sus formas derivadas). *-joda*. *-jodazo*. *-jodedera*. *-jodicia*. *-la jodida*. *-jodido(a)*. *-jodienda*. *-jodón*.

17.11. INJURIAS POR METAFORA

// *-chingar*. Antes 'fornicar', pero ahora se emplea en su sentido fi-

64

gurado de (1) 'hacer daño' o (2) 'fastidiar, molestar en grado intenso' (véase 19, 21 y 24). *-achingatar.* // *-la chinga.* *-estar de la chinga.* *-acomodarle, darle o ponerle una chinga.* *-¡Chinga tu madre!* // *-chingada.* *-¡Una chingada!* *-¡Qué la chingada!* *-¡Chingada madre!* *-(. . .) a la chingada.* *-(. . .) como la chingada.* *-(. . .) de la chingada.* *-cagarse en la chingada.* *-en casa de la chingada.* *-estar en la chingada.* *-hasta la chingada.* // *-hijo(s) de la chingada, hijo de su chingada (puta) madre* o *hijo de puta,* y sus múltiples variantes. Las expresiones siguientes representan formas alteradas de las fórmulas originales. Sin embargo, estas "injurias atenuadas" son perfectamente reconocibles por los hablantes, y retienen su aspereza injuriosa al imitar el patrón sintáctico de las expresiones que sustituyen. *-hijo de esto y lo otro.* *-hijo de la (. . .)* (atenuación por elipsis). *-hijo de la ch. . .; hijo de la chin. . .* (atenuación por abreviación). *-hijo de la fregada* (atenuación por metáfora y paronimia). *-hijo de la guayaba* (atenuación por paronimia). *-hijo de la pelona* (atenuación por metáfora). *-hijo de la rechintola* (atenuación por paronimia de la expresión "hijo de la rechingada"). *-hijo de la tiznada* (atenuación por metáfora). *-hijo de la madre que lo parió.* *-hijo de la madrina* (atenuación por paronimia y metonimia). *-hijo de la mañana* (atenuación por paronimia). *-hijo de la máquina* (atenuación por paronimia). *-hijo de la mula* (atenuación por paronimia = la "m" inicial). *-hijo de quién sabe cuántos.* *-hijo de su madre* (atenuación por elipsis). *-hijo de su tal por cual.* *-hijo de su tiznada madre; hijo de la tiznada* (atenuación por metáfora: "tiznada" = 'ensuciada' = 'violada'). *-hijo de tal.* *-hijo de una.* *-hijo del maíz* (atenuación por paronimia). *-hijo del mal dormir* (atenuación por paronimia).[102] // *-importa una (pura) chingada.* *-irse a la chingada.* *-llevárselo la chingada* = 'llevárselo la muerte' (véase 19). *-mandarlo a la chingada.* *-¡La pura chingada!* *-¡Vale una (pura) chingada!* // *-chingadatales.* *-chingadazo* o *chingazo.* *-chingadera* (o *chingaderita*). // *-¡Chingado(s)!* *-¡Cómo chingado(s)!* *-¡Qué chingado(s)!* *-¿Cómo, Cómo qué, Dónde, Quién chingado(s)?* // *-chingana.* *-chingaquedito.* *-un chingo.* *-chingolandia.* *-chingón(ona).* *-chingonamente.* *-chingonazo.* *-chingonear.* *-chingonemetría* = 'el arte de chingar'. *-chingonométrico.* *-chingueral.* *-chinguero(s).* // *-pinche* (véase 20).

Larry M. Grimes

18. *La cópula*

18.1. EUFEMISMOS POR METAFORA

-*arrempujón de tripas*. Es un eufemismo por metáfora ("tripa(s)" = 'pene') o, posiblemente, por metonimia ("tripas" = 'vientres'). -*el deber de la mujer*. Al disfrazar el concepto tabú, la expresión eufemística también lo caracteriza como obligación de la mujer. "Traté de luchar con él y cuando ya no pude me volví una piedra. . . .Este fulano estaba desesperado y encajó su rodilla en mí. '¡Señor Pizarro, por favor, no me trate así!' '¿Y qué quieres? Cumple con tu deber de mujer. Tú me ayudas y tú tendrás apoyo en todo' "(Lewis, *Los hijos*, 455). -*entierro* (véase "irse a un entierro" en la sección 17.1). -*el favor* (véase "hacer el favor", sección 17.1). -*garrotazo*. Es un eufemismo por metáfora ("garrote" = 'pene') y por derivación (el sufijo "-azo" se refiere a un golpe o un movimiento fuerte). -*la grosería* (véase 22). -*un hecho malo* (véase 22). -*lid*. Este eufemismo atenúa el concepto proscrito al caracterizarlo negativamente como 'combate, pleito o disputa'. -*un mal paso* (véase 22). -*la maldad* (véase 22). -*la obligación*. Atenúa el concepto tabú al caracterizarlo como deber de cualquiera de sus participantes. -*lo peor* (véase 22). -*respiración artificial*. Es un eufemismo humorístico que se basa en la similitud de posturas y el movimiento de los cuerpos durante los dos actos en cuestión. -*un sepelio* (véase 19).

18.2. EUFEMISMOS POR METONIMIA

-*ayuntamiento*. Se basa en el verbo eufemístico "ayuntarse" ('juntarse'), y aparece en una serie de fórmulas humorísticas que disfrazan el concepto tabú. "Celebrar un ayuntamiento", "formar el ayuntamiento" e "irse al ayuntamiento" dependen del doble sentido del sustantivo en cuestión: (1) 'el gobierno municipal' y (2) 'el coito'. -*la cama*. Se atenúa el acto proscrito con un término referente al lugar de la acción. "Y le dije más. 'Ora, la mera cama: uno quiere cada mes, y el otro quiere cada quince días o cada ocho días y el otro quiere cada rato; y ahí es donde no comulgan. Claro que se disgustan y se pelean. . . .Tiene la culpa la cama' "(Lewis, *Pedro Martínez*, 257). -*el contacto sexual*. También se emplea en forma abreviada, o sea "el contacto". "Por cierto que en ese tiempo fue cuando me di cuenta del contacto sexual entre el hombre y la mujer" (Lewis, *Los hijos*, 201). -*la entrega*. Es un antiguo eufemismo en el cual una parte del acto prohibido sustituye al acto en sí. "Empezó a acariciarme los hombros y el pelo, me besó en la cara y me decía palabras dulces. Yo sudaba pensando en el momento de que viniera la entrega" (Lewis, *Los hijos*,

416). *-la intimidad*. Se alude al concepto tabú nombrando una circunstancia concomitante. "No nos conocíamos a fondo, no sabíamos cómo íbamos a reaccionar ya en la intimidad" (Lewis, *Los hijos*, 60). *-la prueba del cariño*. Se expresa el concepto proscrito por medio de una expresión que lo convierte en resultado de una supuesta condición emotiva concomitante. "A través de cultivar las relaciones de novios, digamos cuatro o cinco meses, un día decimos: 'Dame la prueba de tu cariño' " (Lewis, *Los hijos*, 59). *-la revolcada, el revolcón*. Una acción concomitante ('caída') sustituye la acción prohibida.

18.3. EUFEMISMOS POR EXPRESIONES DE SENTIDO GENERAL
-el acto. *-la cosa*. "Le quité las medias, le quité los zapatos. Así la cosa es más excitante para mí" (Lewis, *Los hijos*, 39). *-cosas que no convienen*. Es una expresión eufemística que caracteriza negativamente al concepto tabú al disfrazarlo. "Mi hermana era chica y había otra muchacha ya más grande. Pues ella inventó cosas que no convienen. Ya quería hombre, y a mí, ora sí que me forzaba" (Lewis, *Pedro Martínez*, 18).

18.4. PRONOMBRES COMO EUFEMISMOS
-aquello. "Ella estaba con las piernas para arriba y él con los pantalones para abajo y esas cosas. . . .Se me grabó aquello y después yo quise experimentar aquello con las chamaquitas de la vecindad" (Lewis, *Los hijos*, 21). *-lo*. "Oye, Marí, dime tú, ¿por qué tengo que ser siempre el de la iniciativa?, ¿eh? ¿Por qué tengo que ser yo el que te lo pida?" (Lewis, *Los hijos*, 380).

19. *El léxico de la cópula y la muerte*

En el habla popular de México hay una amplia serie de expresiones polisémicas que se utilizan para designar tanto la muerte como el acto sexual. Sean eufemismos, disfemismos o expresiones de abuso verbal, estas formas representan extensiones metafóricas y/o metonímicas de sus significados originales. Y dichas extensiones, a su vez, son productos de una asociación semiconsciente que concibe a la mujer y a la víctima del asesino (o de la muerte misma) como objetos pasivos de la agresión física. Es debido a esta asociación secundaria que las expresiones empleadas como eufemismos, aunque atenúan los conceptos tabús en cuestión, también los caracterizan en términos peyorativos, si no condenatorios.

La forma "abrochar(se)", originalmente 'cerrar o unir con brochas o botones', aparentemente adquirió el sentido figurado de 'asir-

Larry M. Grimes

se, llegar a las manos, pelear' (Ramos I. Duarte, *Dicc.*, 1895) por extensión metafórica (una similitud de acciones). De allí, por extensión metonímica, se empleaba esta forma en el sentido de 'someter' o 'dominar' (Velasco Valdés, *Vocabulario popular*) y finalmente como eufemismo referente a los conceptos 'copular, poseer a la mujer' y 'matar' (Lope Blanch, *Voc.*, 108).

Originalmente "ajusticiar" era eufemismo de "matar" o "asesinar" (Lope Blanch, *Voc.*, 102), pero la ironía se convirtió en un franco sentido burlesco cuando adquirió la acepción "copular" por extensión metafórica. El objeto del acto sexual se transforma figuradamente en víctima que merece el "castigo" que se le aplica. "Amolar" (en su sentido recto 'afilar un instrumento en la muela') primero era eufemismo metafórico de 'perjudicar, dañar o fastidiar gravemente'; luego se amplió su campo semántico a base de la extensión metonímica, a incluir el significado 'matar' y después a concebir el coito como acto de destrucción.

"Brincar" y "dar el brinco" son eufemismos por metonimia que aluden a los dos conceptos tabús por medio de un acto de violencia concomitante ('saltar encima'). "Yo cada noche pues sentía recelo de quedarme en medio, bueno no en medio, sino en una sola pieza y con dos hombres. Yo decía: 'si no es uno, es el otro el que me va a dar aquí el brinco' " (Lewis, *Los hijos*, 471).

"Cepillar(se)" significa 'matar', probablemente a base de la acepción figurada 'quitar el dinero'. De allí la ironía ha provocado otra extensión metafórica, y ahora el término se emplea como eufemismo referente al coito.

"Coger(se)" representa un viejo eufemismo de "joder" ('fornicar') por metonimia ('agarrar' = una acción concomitante del acto proscrito) y paronimia. Actualmente es el disfemismo más empleado en el habla popular referente al acto sexual.[103] Por extensión metafórica del sentido 'fornicar', o por extensión metonímica de la acepción original 'agarrar' (o los dos procesos a la vez), el término también se emplea con el significado de 'matar':[104] "Lo buscaban con pistola, y se lo cogieron entre los cuatro".

La expresión "culear(se)" es una forma derivada del sustantivo "culo" ('ano') y, por asociación metafórica (la similitud de forma) y/o metonímica (proximidad anatómica), 'vulva'. Este verbo obsceno significa 'fornicar por el ano', 'copular', 'ejercer la prostitución', y 'gustarle a la mujer el ejercicio de la cópula'. Por extensión metafórica también ha adquirido las acepciones 'acobardarse', 'echar(se) atrás', 'herir(se)', 'dañar(se)', 'traicionar(se)' y 'matar cobardemente'.

La forma "chingar" empleada como disfemismo e injuria tiene dos series de acepciones figuradas: (1) 'hacer daño de cualquier índole, sea físico o psicológico' y (2) 'fastidiar, molestar o irritar en grado extremo' (véase también 24). Las dos son extensiones metafóricas de su empleo anterior en el sentido de 'fornicar' (Ramos I. Duarte, *Diccionario de mejicanismos*, 1896).[105] Aunque los hablantes modernos son conscientes de sus connotaciones sexuales, raramente emplean el verbo referente al acto sexual. (Aquella función ha sido usurpada por la forma "coger", un antiguo eufemismo referente al coito que, por contaminación del concepto proscrito, se ha convertido en disfemismo). En cuanto al uso de "chingar" en el primer sentido señalado anteriormente, la expresión puede sustituir a virtualmente todo verbo que designa un acto de violencia—"golpear", "cortar", "rajar", "agredir", "pegar", "insultar", "robar", "engañar"...y, por supuesto, "matar" y "asesinar": "¡Compadre, compadre, no te dejes operar tú! No te dejes, de verdad, compadre, porque te chingan..." (Lewis, *Los hijos*, 341). Pero al retener sus implicaciones eróticas el verbo equipara a la víctima de la violencia al objeto pasivo de la agresión sexual. Y si aquella víctima es hombre, se afemina y se denigra por la acción de la metáfora que lo convierte en objeto de un acto homosexual.[106] Por supuesto, tal afirmación no se refiere al vicio en sí, sino, como señala el erudito mexicano A. Alatorre,

> ...al vocabulario—vocabulario trabajado, cargado—con que se expresa, idealmente, esa sodomía activa. Y me refiero sobre todo a la tolerancia social de ese vocabulario, aunque me apresuro a reconocer que las expresiones que la constituyen no son 'realistas' ni por su configuración lingüística, ni por su intención pragmática ("Postemio", en Jiménez, *Picardía mexicana*, 37a ed., 214-215).

Como indica el mismo escritor, este vocabulario es tanto tolerado como festejado en el habla popular del país (véase también 24).

"La chingada", arquetipo de la sufrida figura materna, víctima histórica de la agresión sexual (véase 21), también es representación de la muerte en México. Usada en ese sentido, la voz popular se extrae del patrón institucional y folklórico "llevárselo la chingada", la expresión más generalizada que se emplea para 'morirse' en el habla de las masas.[107] Y, por extensión metafórica, esta voz se aplica a cualquier situación adversa en la cual algo o alguien se acaba. Se dice "se lo llevó la chingada" cuando alquien ha perdido un pleito, cuando el automóvil deja de funcionar, cuando la policía lleva a alguien a la cárcel, cuando la radio se quema y no hay manera de componerla, etc. "Está como para que se lo lleve la chingada" es algo o alguien a

punto de acabarse (un edificio a punto de caerse, una persona con pé-
sima salud, un político que se rebela contra el partido oficial o alguien
que está muy mal física o psicológicamente). También se emplea como simple frase interjectiva que expresa el asombro, la intensa irritación, la extrañeza o el enfado. ". . .la muchacha nos emborrachó a
los tres y ella salió caminando derechita. La Rata trataba de explicar-
se como estuvo eso. Decía: '¡Me lleva la chingada!' " (Lewis, *Los hijos*, 39).

Sobre el vocablo "chingar" empleado en los sentidos señalados
se han producido innumerables formas sustitutivas. Las más comunes
son "tiznar" y "fregar", viejos eufemismos del verbo proscrito por
metáfora y paronimia. El primer verbo se asoció con el término tabú
por su significado recto de 'ensuciar' (= 'copular', 'desvirgar a la mujer'), y el segundo llegó a asociarse o por el significado 'molestar, irritar', o posiblemente por el movimiento de los cuerpos durante el acto
sexual ('restregar con fuerza un cosa con otra'). Las dos formas sustituyen a "chingar" en la mayoría de sus usos, incluyendo el de 'matar', y sus derivados aparecen en fórmulas institucionales como "hijo
de la (tiznada, fregada)" y "llevárselo la (tiznada, fregada)".[108] Sin
embargo, debido a su popularización y consecuente proliferación,
tales términos se han identificado con los conceptos tabús hasta el
punto que tienen casi el mismo impacto negativo en el oyente que el
término sustituido. Seguramente no disfrazan las fórmulas originales
ni oscurecen el intento del hablante al emplearlos.

Los eufemismos irónicos "dar (su) chocolate (a alguien)", "hacerle su chocolate" y "chocolatear" significan 'envenenar' o 'matar' y,
por extensión metafórica, 'fornicar'. "Todavía la consideraba mi mujer y a veces nos íbamos a un hotel a que me diera chocolate" (Lewis,
Los hijos, 413). El término "chocolate" a menudo se sustituye con
nombres referentes a otras bebidas (atole, café, un refresco, pepsi-
cola) dependiendo del espíritu innovador del hablante en cuestión.

Los verbos "desgraciar" y "perjudicar" simultáneamente equivalen, disfrazan y condenan a toda una serie de actos de violencia ('robar', 'pegar', 'dar una paliza', 'matar', 'desvirgar a la mujer', 'copular',
etc.). Todas las acepciones señaladas representan simples extensiones
semánticas del significado original 'herir' o 'dañar' de los verbos señalados.[109] "Hacer(le) la desgraciadura (a una mujer)" es 'desvirgar-
la' (el sufijo "-ura" = 'un acto que malogra o echa a perder a una persona o cosa'). "En un catre, los viejos y el escuincle. En el otro, yo con
mis hermanos. Ni me di cuenta, ni supe cuál de ellos me hizo la desgraciadura" (Fuentes, *La región*, 16).

"Echarse (a alguien)" significa 'matarlo' y, por extensión metafórica, se emplea como eufemismo referente al acto sexual: "Agarré y le puse la mano entre las piernas. Y luego se trata de hacerlo así. Alberto en eso me hace señas que la echara" (Lewis, *Los hijos*, 40). De significado parecido es la forma "tirar(se) a alguien", cuyos primeros sentidos figurados de 'vencer, dominar' (Santamaría, *Mej.*) y 'engañar' (Lope Blanch, *Voc.*, 111) últimamente produjeron, por extensión metonímica, su empleo eufemístico para los conceptos (1) 'matar', (2) 'tener relaciones sexuales con la mujer' y (3) 'violarla'.

"Echar a perder" ha sufrido una extensión metafórica en el habla popular, y ahora se emplea para disfrazar los conceptos tabús 'matar' (Aguilar, *Los métodos*; Amor, *Dicc.*, 42; Chabat, *Dicc.*; Lope Blanch, *Voc.*, 131) y 'desvirgar a la mujer'. "Los vecinos también decían que era un tonto por andar mandando a mi hija fuera. . . .pero ya salió con esto, ya se echó a perder" (Lewis, *Pedro Martínez*, 320). En su forma refleja, la misma expresión se aplica a la mujer que se deja desflorar o aun a la que se deja seducir no siendo virgen. Es otro ejemplo de un eufemismo que caracteriza negativamente a los conceptos proscritos al mismo tiempo que los atenúa.

"Hostigar" es otro eufemismo que reune los dos significados 'fornicar' y 'matar' (Wagner, "Mexikanisches Rotwelsch", 537; Kany, *Am.-Sp. Euph.*, 185; Lope Blanch, *Voc.*, 107). Su uso para designar el coito ('desvirgar a la mujer' o 'fornicar') representa una elipsis de las expresiones humorísticas "hostigar la pepa" o "hostigar el pérdigo" (los sustantivos son eufemismos metafóricos referentes a la vulva) o es una extensión semántica de los significados (1) 'azotar, castigar con látigo, vara o cosa semejante', (2) 'acosar, perseguir' y (3) 'molestar'. La acepción 'matar' o se deriva de los dos primeros significados señalados anteriormente, o es producto metafórico de las acepciones eróticas.

El valor humorístico del eufemismo "irse a un entierro" reside en el doble sentido del sustantivo: (1) el entierro del cadáver y (2) el entierro del miembro en el cuerpo de la mujer ('fornicar'). En el caso de "irse a un sepelio" hay una semejanza fonética entre el sustantivo y la expresión "él se peló", con una doble implicación semántica. Por un lado "pelarse" significa 'masturbarse' y 'fornicar', y por el otro, también se emplea en su sentido no erótico de 'fugarse' y, por extensión, 'morir'.

El verbo "joder", empleado como disfemismo e injuria, data del latin "futuere" = 'practicar el coito' (M. Alonso, *Enc.*; Lausberg, *Lingüística románica: fonética*, números 406 y 489). Como en el caso del

71

verbo "chingar", los hablantes mexicanos son conscientes de su acepción 'fornicar'—común en España—pero raramente lo emplean en este sentido, prefiriendo la forma "coger". Sus múltiples acepciones figuradas se pueden agrupar en dos categorías que son el resultado de la extensión metafórica de su sentido erótico: (1) 'fastidiar, molestar o irritar en grado extremo' (". . .sáquense para el patio a jugar, cabrones, mulas, que estoy leyendo; no estén jodiendo. . ." [Lewis, *Los hijos*, 31]); (2) 'herir, hacer daño de cualquier índole', que incluye el acto de matar. El sustantivo derivado "la jodida" se emplea como sinónimo de "la chingada" en las fórmulas de abuso verbal; "se lo llevó la jodida", por ejemplo, es un sustituto común de la expresión "se lo llevó la chingada". El verbo "jorobar" es un viejo eufemismo de "joder" por paronimia y metonimia que se ha transformado en injuria por íntima asociación con el concepto erótico que antes disfrazaba.

"Pasar por las armas", además de su acepción 'ajusticiar', se aplica al concepto general de 'matar'. Y por extensión metafórica—otra vez el curioso deleite en equiparar la muerte al acto sexual—se concibe del concepto en términos de la destrucción violenta de la mujer.

El verbo "pelarse" representa un viejo eufemismo por elipsis de la locución tabú "pelarse la verga" ('masturbarse' y, por extensión, 'fornicar'). Al popularizarse el verbo se ha contaminado del concepto tabú, y actualmente se emplea como disfemismo e injuria. ". . .uno de ellos le dijo a mi hermano: 'Andale, Negro, tú pélate con tu hermana'. Nos paramos en una forma natural y nos fuimos sin pagar" (Lewis, *Los hijos*, 135). En México el término es común en desafíos y fórmulas de abuso verbal como "¡Pélamela!", "¡Pélame la verga!" y "¡. . .a mí el pinche aire me la pela!" (Pareyón, *Los de hasta abajo*, 38). En tales expresiones se evoca el tabú sobre la masturbación y/o el coito para expresar el desprecio del hablante al denigrar al contrincante. Aunque el proceso metafórico que produjo la acepción figurada 'morir' del mismo verbo es otro ('cortar o quitar el pelo' = 'irse, huir' = 'dejar esta vida') la asociación con el concepto erótico, y una consecuente ambigüedad, es inevitable. Como resultado, no sólo el verbo señalado, sino también expresiones como "pelarse con la muerte" o "pelarse con la huesuda" pueden entenderse en dos sentidos. Otros usos figurados del verbo, la mayoría negativos, incluyen (1) 'desacreditar, criticar', (2) 'dar una pela, azotar', (3) 'proceder sin pudor ni tapujos' y (4) 'descararse' (Santamaría, *Mej.*; Padrón, *El médico*, 282).[110]

"Pepenar" (del nahuatl "pepena" = 'recoger') se empleaba antes como sinónimo de "coger". Pero a medida que el último verbo sufría una restricción semántica al adquirir la acepción 'fornicar', el primero ampliaba su campo semántico. Actualmente se emplea como eufemismo del verbo proscrito en su sentido sexual, e inclusive ha adquirido las otras acepciones figuradas de 'golpear' y 'matar'.[111]

Los significados figurados 'desvirgar', 'violar' y 'fornicar' del verbo "rajar" resultan de la extensión metafórica de las acepciones 'hender' y 'partir'. En su forma refleja, la misma forma ha adquirido los sentidos 'desistir cobardemente', 'acobardarse', 'faltar a la palabra dada', 'retractarse' y 'huir'.[112] De allí su campo se ha extendido a incluir 'morir' en el sentido de 'dejarse de luchar por la vida', acepción que forzosamente se asocia con la sexual entre los hablantes mexicanos. Similar en su desarrollo es el verbo "raspar" = 'fornicar', a base de la extensión semántica de los significados 'raer para quitar la parte superficial' y 'morir' (el último en virtud de la asociación 'raer' = 'irse, escaparse' = 'huir de la vida, dejar de existir'). En su uso popular "rayar(se)" significa 'herir con arma punzante'. Pero por extensión metonímica ha adquirido el sentido 'matar', y por extensión metafórica, 'violar' o 'desvirgar a la mujer' (implícita es la asociación del cuchillo y el miembro viril). "La niña trató de escapar, pero entre los tres se la rayaron".

"Soplar" reúne las acepciones figuradas 'vencer', 'engañar' (Santamaría, *Mej.*) y 'matar' (Padrón, *El médico*, 160) y, por extensión metafórica de una o todas, 'poseer a la mujer' (Lope Blanch, *Voc.*, 111). "Tenerle ganas" es una locución altamente ambigua, puesto que se emplea para expresar el deseo sexual y para indicar el deseo de terminar la existencia de otro.

"Trincar" se utiliza como eufemismo referente a los conceptos 'violar', 'desvirgar a la mujer', 'fornicar' y 'matar' a base de la ampliación de sus significados normales, todos los cuales designan actos de violencia ('quebrantar', 'romper' y su uso en América con el sentido de 'apretar' u 'oprimir'). "Tronar" (en México 'reventar', 'romper' o 'quebrar') es un eufemismo de 'fusilar' (Santamaría, *Mej.*) y, por una segunda extensión metonímica, 'matar' o 'asesinar'. Es probable que su acepción erótica de 'desflorar a la mujer' se deriva de la misma fuente original, pero además hay un nexo entre los dos usos figurados—la imagen del arma de fuego como símbolo fálico ("pistola" y "rifle", por ejemplo, se emplean como eufemismos referentes al miembro viril). Se han creado un sinfín de expresiones humorísticas que emplean el verbo en cuestión, entre las cuales son "tronar el esqueleto, los huesos (o huesitos), el parche, el quinto, el tambor, etc.".

Por la coincidencia de la asociación metonímica, "tumbar(se)" ('hacer caer, derrumbar') se emplea como eufemismo de "matar" y de

73

"coger" (en su sentido de 'fornicar'). "Mi tía dice que mi papá no se tumbó al patrón del café porque era hombre, pero de ahí en fuera barrió con todas" (Lewis, *Los hijos*, 142). En su uso popular el mismo término también reune los sentidos de 'robar' ("tumbar algo" o "hacerle la tumbada a alguien" [Trejo, *Dicc.*, 52]), 'hacer caer de un puesto importante' (Santamaría, *Mej.*) y 'desplazar a uno en los afectos de su novia'.

20. *El caso de "pinche"*

Una de las formas injuriosas más empleadas en México, "pinche", es un término que ha retenido su aspereza emotiva a pesar de haber perdido todo nexo con su motivación tabú en la conciencia popular. Como adjetivo su significado aproximado es 'vil, despreciable, de calidad inferior, ruin o miserable'. "Pinche güey, todos te estaban viendo. . ." (Lewis, *Los hijos*, 41). Se habla de "un pinche rico", "una pinche vista", "un pinche sueldo", etc. En su empleo como sustantivo se aplica al 'pobre diablo, cobarde, tacaño o estúpido'. "Estaba yo diciendo: '¡Pinches, rajados, putos!' " (Lewis, *Los hijos*, 370). "Bueno, viejo pinche, pos qué me va a ver. . ." (Lewis, *Los hijos*, 37).

Hay varias teorías en cuanto al origen y desarrollo del término prohibido, incluyendo el mito ampliamente difundido de que sus acepciones actuales datan de alguna manera del significado 'criado o ayudante de cocina'. Sorprende que hasta algunos lingüistas hayan intentado confirmar tal hipótesis con explicaciones tan improbables como tortuosas. Sobarzo, por ejemplo, escribe lo siguiente al definir "pinchi", variante fonética del vocablo en cuestión:

> Tiene sentido vago, impreciso, pero es injuriosa. En ella se altera el vocablo 'pinche' con que se designa al mozo ordinario o al galopín de cocina, cuyos oficios ha visto nuestro pueblo, compuesto en su mayor parte de campesinos fuertes y rudos, dados a pesadas tareas, con aversión. Como esas ocupaciones no se han considerado propias del hombre, o por lo menos hombres recios y de aliento, el término ya llevaba por sí mismo cierto dejo despectivo que el vulgo, con su antipatía, aumentó hasta convertirlo en dicterio (*Vocabulario sonorense*, 252).

Boyd-Bowman (*El habla*, 287) cree ver en "pinche" un eufemismo por la "n" intrusa del término "piche", según Sandoval (*Semántica*, II, 238) una variante de la forma "picha" ('pene') que por extensión metafórica significa 'vil' o 'miserable' en varios países hispanoamericanos.[113] "Picha", a su vez, data de la forma onomatopéyica "piš",[114] del ruido de la micción (Corominas, *Dicc.*, bajo "pijota"). Pero la pérdida de la "š" y la naturaleza onomatopéyica de la forma señalada resultaron en un intento de conservar, aun imperfectamente, la fricción palatal, produciendo "picha" y sus variantes "pichona" y "pichón" (Corominas). La misma forma primitiva produjo "pija", todavía empleada en México y otros países de habla española referente al órgano sexual masculino. Según esta teoría el desarrollo formal del término ("piš"→"picha"→"pinche") tendría que coincidir con un proceso análogo en el nivel semántico. Primero, por medio de la asociación metafórica, se evoca el tabú sobre el miembro viril para expresar el desprecio o disgusto del hablante ante el objeto o persona que se le provoca. Después, aunque se haya perdido el significado 'pene' del vocablo deformado "pinche", su uso sistemático en patrones y contextos negativos aseguraría la retención de su aspereza injuriosa. También es posible que, después de perder su acepción proscrita, retuviera sus connotaciones negativas a base de una asociación formal, semiconsciente, con los vocablos prohibidos "picha", "piche", "pincho", "pito", "pija" y "pinga" ('pene').

Pero lo más probable es que "pinche" originó como forma derivada del verbo "pinchar",[115] a su vez un cruce de los vocablos antiguos "punchar" (variante de "punzar")[116] y "picar" (véase Corominas, *Dicc.*). El nuevo verbo compuesto tenía las acepciones 'picar, punzar o herir con alguna cosa aguda' (Corominas), 'mover, excitar o estimular' (M. Alonso, *Enc.*) y, por extensión metafórica y metonímica, 'copular'. De allí podemos postular la aparición de la forma "pinche" ('el coito') que se aplicaba en sentido figurado a todo objeto vil, despreciable, sucio. . .incluyendo el oficio de aprendiz de cocina.[117] Más tarde estos significados secundarios aparentemente desplazaron a la acepción tabú del término en cuestión.[118]

21. *Las mentadas de madre y el tabú sobre el incesto*

El análisis semántico revela una profunda ambivalencia afectiva ante la figura materna que se refleja en el habla cotidiana de México. Por un lado la madre mexicana es el objeto de una veneración cuasireligiosa, sobre todo por parte del hombre, y por el otro lado se evoca en las expresiones de abuso verbal más denigrantes usadas por el hablante común. La fórmula institucional "¡Chinga tu madre!",[119] por ejemplo, es a la vez la injuria más común y la más áspera que se puede lanzar contra el objeto de la ira.[120] "Chtssaaa. . .chingaaaa tu maadre. Y las muecas, ¿no?, de repente hacía el pescuezo así, como que le daba. . .como es atacado por aire que decimos así" (Lewis, *Los hijos*, 185). Esta fórmula evoca el tabú sobre el incesto en forma figurada para agredir, denigrar y desafiar al contrincante, y representa un rito verbal que generalmente precede la violencia física.[121] El mexicano es tan sensible a "las mentadas"[122] que basta la forma abreviada de la injuria ("¡Tu madre!" o "¡Su madre!") para enfurecerle y provocar una respuesta igualmente abreviada ("¡La tuya!" o "¡La suya!").[123] "El chofer del camión insultaba al del automóvil, y el del automóvil le respondía agitando en alto, hacia atrás, el puño cerrado. ¡La suya, pendejo!. . .¡Abra los ojos!' " (Leñero, *Los albañiles*, 177). Inclusive el ritmo de la expresión "¡Chinga tu madre, cabrón!" ($\prime$ _ _ $\prime$ _, _ $\prime$) se imita en el claxon para censurar la actuación de otro chofer. Y basta una mirada enojada para que alguien, sospechando que otro está pensando en la injuria, lance la inevitable respuesta.

En las locuciones injuriosas "hijo de tu (su) puta madre"[124] e "hijo de tu (su) chingada madre" la figura materna se convierte metafóricamente en mujer pública, y el objeto del insulto en producto de padre desconocido. Además, se aumenta la aspereza de estas expresiones al personalizarse la madre por inclusión del pronombre posesivo. Se vuelve un ser particular, de carne y hueso, la madre de uno, en contraste a "la chingada" ("hijo de la chingada"), que más bien representa una figura impersonal, abstracta, arquetipo de la madre violada. ". . .el pobre-imbécil tarugo niño-bien hijo de su puta madre. . ." (Leñero, *Los albañiles*, 88). "¡Miren a ese cabrón, agachón, debería de darle vergüenza no pagar la bicicleta, ojete hijo de su chingada madre!" (Lewis, *Los hijos*, 410). "Pero sucede que cuando me reúno con mis amigos me dice el Tigre: '¡Ah, qué hijos de su chingada madre!' " (ibid., 213). La implicada ilegitimidad se hace más obvia en variantes algo atenuadas de la misma fórmula. "No, no estamos en un país libre. ¡Jálenle, jijos de quién sabe cuántos, caminen! (ibid., 403). Y expresiones como "eres un hijo de quien lo parió" o ". . .de la madre que te parió" ponen en duda la identidad y los antecedentes del lado materno de la concepción. A veces tales insultos son algo más oblicuos, aumentando sus dimensiones humorísticas. " '¿Son tuyas esas borregas?' Y yo le dije que no. 'Son de quien las parió', eso le dije" (Rulfo, *El llano*, 45).

Las interjecciones injuriosas "¡Chingada madre!" y "¡Puta madre!"[125] expresan la ira, el desprecio, el asombro o cualquier otra emoción fuerte del hablante. "Espérate. . .que está bonita la jugada ahorita. ¡Chingada madre!, ¿quién va a ganar aquí?" (Lewis, *Los hijos*, 53). "Cabrón. . .me vas a agarrar, pero no, no te corro. ¡Puta madre! Ahí están los treinta pesos" (ibid., 53).

Algunas de las fórmulas señaladas se han lexicalizado hasta el punto que se emplean como locuciones adjetivales: "La oyeron decir: '¡Negro jijo de tu chingada madre!' " (Lewis, *Los hijos*, 210). "Es un muchacho bien hijo de puta". "Es un cabrón jijo de la chingada". Estas fórmulas se han abreviado, transformando el sustantivo "hijo,-a" (o su variante popular "jijo,-a")[126] en adjetivo con el significado aproximado de 'fuerte' o 'violento'. "Una muina muy jija se me estaba encabritando y me salía la voz en busca de ronca" (Valadés, *La muerte tiene permiso*, 9). El hombre muy "jijo" es un ser perverso, malo, astuto, engañoso, violento o sinvergüenza—valores que se invierten entre los "machos", que emplean la forma como término de admiración. "¡Ah qué mi amigo Tuno más jijo!". Como la forma adjetival, la exclamación elíptica "¡Hijo!" y su variante "¡Jíjole!" han perdido todo nexo con el concepto tabú en la conciencia de los hablantes. Hoy se emplean como interjecciones innocuas, aun en el habla femenina. "Ahí estaba un pobre muchacho, ¡hijo!, son desgraciados hasta el ochenta esos cuates. . ." (Lewis, *Los hijos*, 371). "Y dije '¡Híjole!, donde se les ocurra esculcarme van a encontrar aquí con el dinero, y entonces sí, una zurra que no me la voy a quitar en diez años' " (Lewis, *Los hijos*, 61).

"Hijos de la chingada"[127] es una locución más impersonal, general y abstracta. "Quiero la factura para que este hijo de la chingada de Crispín no se las pueda llevar" (Lewis, *Los hijos*, 478). "¡Hijo de la chingada, ya hasta lo que se tragan me pesa, hijos de la rechingada!" (ibid., 25). La chingada es otra representación mexicana de la maternidad, una figura mítica que ha sufrido la vejación metafórica que le da nombre. Históricamente se simboliza por la Malinche, amante indígena de Cortés que traicionó a su pueblo al engendrar la nueva raza mestiza. Es el reflejo en nivel simbólico de la sufrida madre mexicana, víctima histórica de una intensa opresión social, que se venga generando un círculo vicioso de amor-culpabilidad en sus hijos al volverlos contra la figura paterna. Reúne una profunda ambigüedad al representar, por un lado, el ser que origina la vida humana y, por el otro, el símbolo de la fuerza que la quita ("se lo llevó la chingada" = 'se lo llevó la muerte').

La misma figura de la chingada aparece en fórmulas de rechazo que mandan o destierran su objeto a una especie de tierra de nadie, un "espacio lejano, vago e indeterminado. . .al país de las cosas rotas, gastadas. País gris, que no está en ninguna parte, inmenso y vacío" (Paz, *El laberinto*, 72). "No te dejes, mándala a la chingada" (Lewis, *Pedro Martínez*, 306). "Lo peor de todo es la de cosas que se ven estando uno todo temblando en la noche, rechinando los dientes y viendo a los aparecidos meterse por las ventanas y decirte que te van a llevar para la chingada" (Leñero, *Los albañiles*, 23). "¡Vete a la chingada!" o "¡Vamos (mucho) a la chingada!" se emplean como desafíos a la violencia física, junto con la locución interjectiva "¡A la chingada!". El mismo sustantivo tabú que da nombre a esta esfera misteriosa también se aplica al agente que la puebla de objetos inútiles y despreciados o de personas que son víctimas de un desastre, un accidente o un fracaso personal.

"Hijos de la chingada" se emplea también como injuria estereotipada que califica otros elementos de la oración o que tiene la función exclusiva de expresar el estado emotivo del hablante. "A lo hijo (jijo) de la chingada" es una locución que aumenta la fuerza del concepto que califica. "¡Hay nieve a lo jijo de la chingada!" "¡La muela me duele a lo hijo de la chingada!" Además es una expresión reforzadora de la interrogación en expresiones como "¿Qué jijos de la chingada has dicho?" o "¿Cómo jijos de la chingada quieres que me muera?" Y, finalmente, se emplea como locución interjectiva para expresar el enfado, el disgusto, la sorpresa o la irritación extrema del hablante: "¡Hijo de la chingada! ¿Quién pensaría que lo mataran?"

La expresión que tratamos ha producido innumerables variantes sustitutivas, pero la mayoría no se pueden considerar eufemismos. Aunque eliminan el término ofensivo, duplican el patrón sintáctico de la fórmula original, así asegurando casi el mismo impacto psicológico en el oyente. Lo que algunos lingüistas han denominado "pseudoeufemismos" (véase Martín, *Dicc.*) son, en efecto, injurias algo atenuadas. "Hijo de la pelona", por ejemplo, es una locución sustitutiva por metáfora. "Y por si fuera poco, el doctor Aguilar le llevaba ropa, ropa que luego le robaban las canijas afanadoras y los canijos hijos de la pelona. . ." (Leñero, *Los albañiles*, 12). "La pelona" es la calavera, representación de la muerte que, por medio de una segunda asociación metafórica, se convierte en un símbolo de la figura materna. Además, hay otro nivel asociativo que probablemente se actualiza en la conciencia del hablante, puesto que el mismo término se emplea como eufemismo referente al órgano sexual masculino. "Hijo de la fregada" es una injuria atenuada por paronimia y metonimia; "fregar" = 'restregar con fuerza' = (1) 'acción de molestar o irritar', uno de los múltiples significados de "chingar" y (2) 'acción concomitante de los cuerpos durante el acto sexual'. "Ora verás, ¡hijo de la fregada!, te vas a morir" (Lewis, *Los hijos*, 387). Un caso análogo es "hijo de la tiznada", una injuria atenuada por metáfora ("la chingada" = 'la que ha sido violada o cogida' = 'ensuciada' = "tiznada"). "Te voy a ahorcar,

¡hijo de la tiznada!" "Y que dijo Carlos: 'Así te quería encontrar, ¡hijo de tu tiznada madre!' " (Lewis, *Los hijos*, 313).

Hay una multitud de sustantivos que sustituyen a los términos ofensivos en las fórmulas injuriosas a base de la semejanza fonética. "...este hijo de la rechintola [rechingada] de su patrón..." (Rulfo, *Pedro Páramo*, 38). "No te pareces ni tantito a tu hermana; ésa es una jija del maíz" (Leñero *Los albañiles*, 198). En el segundo ejemplo la palabra ofensiva se elimina, y la forma sustitutiva duplica los dos primeros fonemas de "madre". Similar es el ejemplo siguiente: "...porque en ese momento los albañiles lo observaban, desgraciados hijos del *ma*l dormir no dejan trabajar..." (Leñero, *Los albañiles*, 85). Otras variantes son "hijo de...la *ma*ñana, la *má*quina, la *madr*ina, la *mu*la", etc. (véase 19 y n. 104). El término "guayaba" en la expresión "hijo de la guayaba" retiene la asonancia del vocablo sustituido, e "hijo de su madre" simplemente elimina el término tabú "puta" o "chingada". Otras fórmulas atenuadas emplean pronombres para reemplazar los términos entredichos: "¿...por qué dicen que soy un flojo hijo de esto y lo otro?" (Lewis, *Los hijos*, 32). "Usted es un borracho, hijo de tal" (Guzmán, *Las memorias*, 243). "Hijos de sutalporcual de los reporteros..." (Del Paso, *José Trigo*, 487). "...uña larga, putón, jijo de una..." (Leñero, *Los albañiles*, 10). Pero la fórmula "un tal" reduce el patrón original a tal punto que hay que considerarla un eufemismo. "Usted es un tal, que ahora mismo se me va a quitar de enfrente" (Guzmán, *Las memorias*, 132). Aun hay casos de injurias atenuadas por composición paronímica que se reconocen inmediatamente por los hablantes. "Hizo una teatral zalema. 'Respetable auditorio', respetable tu serenísima tuchi" (Del Paso, *José Trigo*, 333). En esta expresión, "serenísima" sustituye la forma "chingadísima", y "tuchi" incorpora el pronombre posesivo "tu" y los primeros fonemas de la forma "chingada". Y, finalmente, es común emplear la abreviación fonética para disminuir la aspereza de la fórmula original: "¡Hijos de la chin...!"; "¡Hijo de la ch...!", etc.

La imagen de la madre también se evoca en una serie de disfemismos utilizados para expresar el ejercicio de la violencia física. En las locuciones siguientes el término metafórico "madre" parece designar la esencia de la vitalidad física masculina y el centro indeterminado de las funciones anatómicas. "Darle en la madre (a uno)" significa 'darle una severa golpiza' y, por extensión metonímica, 'herir gravemente' o aun 'matar' por cualquier medio, sean golpes, puñetazos, balazos, etc. "...allá adentro te van a dar en la madre y te van a quitar todo" (Lewis, *Los hijos*, 370). "Partirle la madre", "rajarle la madre" y "ponerle en la madre" son tres variantes de la expresión original que se aplican a toda clase de violencia física: ". . .con un cuchillo voy a partirle la madre a ese cabrón" (Lewis, *Los hijos*, 478). ". . .mano, de todas maneras puedo rajarte la madre cuando se me hinchen"[128] (Fuentes, *La región*, 210). "¡Anda, ten, agarra el cuchillo y ponle en la madre!" (Lewis, *Los hijos*, 405). "Madrearle", "estrellarle la madre" y "romperle la madre" generalmente se limitan a designar la golpiza. "Luego irá a madrear a Manuel Angel. ¡Pero capaz que lo mata!" (Del Paso, *José Trigo*, 489). ". . .yo le estrellé toda su madre con mi sola mano" (Pareyón, *Los de hasta abajo*, 127). Y "un madrazo" es 'un golpe fuerte': ". . .le damos una calentadita, le damos sus madrazos. . ." (Lewis, *Los hijos*, 372).

"¡La madre!" es una interjección injuriosa que expresa el enfado o la intensa irritación del hablante. "Pos porque suelta los quintos. ¡Pinche gordo!, luego me dice: 'Que. . .ay mamacita, que. . .' ¡La madre! pos qué. . .Que se joda, ¿pos qué cree que una no cuesta?" (Lewis, *Los hijos*, 443). Y el mismo término también se emplea como expresión de rechazo y negación. "Le dije: 'No te doy. . .te doy, madre. . . Yo no te doy nada' " (Lewis, *Los hijos*, 361). " 'No, yo ni madre' dice, 'yo, ¿qué voy a pagar, estoy loco o qué?' " (Lewis, *Los hijos*, 52). Lo que "vale madre" no vale nada, y el hombre que "tiene poca madre" o que "no tiene madre" es el que carece de vergüenza, honor y/o valor. Es curioso notar que el vocablo en cuestión sólo adquiere dichas acepciones en el contexto de fórmulas negativas. Nunca se dice, por ejemplo, que uno "tiene madre" o que "tiene mucha madre".

Pero otra indicación de la ambivalencia ante el concepto en cuestión es el hecho de que el mismo término aparece también en locuciones positivas, aunque no se pueden comparar en cantidad y frecuencia con los disfemismos y las expresiones de abuso verbal.[129] En las fórmulas de juramento siguientes la figura materna se evoca como símbolo de afirmación. "Me cae de madre, palabra que te quiero Beto. . ." (Fuentes, *La región*, 392). "Le juro por mi madre que me voy a oponer terminantemente a que sean obreros" (Lewis, *Los hijos*, 359). Y algo o alguien que "es a toda madre" es 'de calidad superior, de lo mejor'. ". . .estamos acordes en una cosa, que los Estados Unidos son a toda madre" (Lewis, *Los hijos*, 343).[130]

22. *El coito y los eufemismos condenatorios*

El campo semántico referente al coito contiene una serie de eufemismos que aluden al concepto séptico con expresiones de tendencia peyorativa y/o moralizante. Simultáneamente con atenuar y disfrazar la acción tabú estas formas la caracterizan negativamente o la condenan, junto con su agente o su objeto. Parecen reflejar una actitud tradicional de culpa, repugnancia o vergüenza no sólo ante la idea de violar o desflorar a la mujer, sino en algunos casos también ante el acto sexual practicado bajo circunstancias normales.

"Abusar" data del latín *abusare*, y éste de *abuti* (*ab* + *uti*) = 'emplear mal' (M. Alonso, *Enc.*). Este viejo eufemismo evoca el concepto 'usar mal, excesiva o indebidamente' para aludir a la acción de desvirgar o violar a la mujer. "En la Ciudad Perdida no se encuentran señoritas, aunque están jóvenes, porque los mismos de allí abusan de ellas" (Lewis, *Pedro Martínez*, 147). Fuera de su acepción erótica, la forma "abusado(-a)" señala a la persona que 'ejerce la astucia, que engaña, que aprovecha de una situación o que es mañosamente inteligente'.[131] "Mancillar" ('ensuciar, afear en lo moral') es un eufemismo que reúne los mismos significados por extensión metafórica. "El padrastro a una chamaca la mancilló y la hizo mala" (Lewis, *Los hijos*, 383).

"Hacerla mala" alude sólo a la desfloración de la mujer, por medio de una expresión referente a la supuesta condición moral negativa que produce la acción tabú, mientras "un hecho malo" se aplica al acto sexual en general. "Ella estaba con las piernas para arriba y él con los pantalones para abajo y esas cosas. Pues yo sentí pena de algo, no podía precisar de qué, bueno, como que los había agarrado en un hecho malo" (Lewis, *Los hijos*, 21). Más común es la expresión "lo peor" para designar el coito. "El era de esos hombres muy bajos que quieren lo peor de las mujeres" (Lewis, *Los hijos*, 298).

La expresión "aprovecharse (de una, de la situación de una. . .)" censura al hombre que se propasa, que toma ventaja de la proximidad de la mujer para buscar contactos físicos, y por extensión alude al coito. "Además tenía miedo de vivir sola. ¿Qué iban a pensar las gentes de mí?, y los hombres sólo se iban a aprovechar de mi situación" (Lewis, *Los hijos*, 64). "Burlarse (de una)" representa un viejo eufemismo por metáfora que condena la seducción y el coito al concebirlos como acciones engañosas. "Ahí se burlan de ella. Todos hacen uso de esa mujer, y luego, zas, allí" (Lewis, *Pedro Martínez*, 52).

"Dañar", "hacer el daño" y "perjudicar" son eufemismos referentes al concepto 'desvirgarle a la mujer'; expresan el acto proscrito refiriéndose al supuesto perjuicio moral y/o social que produce. Incluyen una condenación tácita del agente de la acción. En su forma refleja, las tres expresiones cargan la culpa del acto a su objeto. "Perder el quinto" ('perder la virginidad') se ha reducido a la forma elíptica "perder", que ha adquirido vida propia con la acepción 'ser desvirgada'. "Claro, cuando las ve uno les dice: '¿Cómo perdiste, en cama o en petate?' " (Lewis, *Los hijos*, 145). Y "echar a perder" es una metáfora eufemística que disfraza los conceptos 'desvirgar a la mujer' y 'matar', o, en forma reflexiva, 'dejarse desvirgar' y 'suicidarse' (véase también 19).

"Descuidarse", "tener un descuido" y "resbalarse" caracterizan negativamente a la pérdida de la virginidad, pero simultáneamente exoneran a la mujer de toda responsabilidad moral al expresar el concepto tabú con el disfraz de un accidente o una equivocación. Similar es la expresión "dar un mal paso" referente al mismo acto. "¡Los hombres! Nada más saben que dio una su mal paso y le ofrecen todo" (Lewis, *Los hijos*, 316).

El eufemismo moralizante "hacer cosas malas" se aplica al acto sexual bajo cualquier circunstancia, mientras "hacer la maldad" se emplea referente a la desfloración de la mujer. "Solamente lo sentí encima de mí y que comenzaba a hacer cosas malas conmigo" (Rulfo, *Pedro Páramo*, 30). "Luego un hombre nomás le hizo a mi tía la maldad y la dejó antes que naciera su hijo Salvador" (Lewis, *Los hijos*, 312). "Hacer la grosería" es un sustituto eufemístico que alude al acto tabú por medio de la supuesta repugnancia que provoca en el hablante. "Por ella fue, por andarme buscando. . .y yo estaba en el excusado. . .y por allá fue otra vez a decirme que no era hombre. . .y pos la jalé y le hice la grosería. . ." (Valadés, *La muerte*, 38).

"Desgraciar" y su variante "hacer la desgracia" aluden al coito y la desfloración de la mujer en términos de su supuesta destructividad moral y/o social ('arruinar, echar a perder o herir'), y condenan tácitamente al agente de las acciones proscritas. "Tener una desgracia" ('ser desflorada' o 'tener relaciones') se aplica al objeto de la agresión sexual y la libera de toda responsabilidad en el acto señalado. El término "desgraciar" también ha ampliado su campo semántico para designar toda una serie de actos reprobables ('robar', 'pegar', 'dar una paliza' y aun 'matar'). Igualmente condenatorio es el eufemismo literario "deshonrar" que sigue en vigencia en el habla de las masas. "Cuando ven a sus hijas embarazadas, cuando ya no pueden intervenir porque ya él las dejó, no aceptan la verdad tan dolorosa, que ya deshonraron a sus hijas" (Lewis, *Los hijos*, 152). Se emplea en el sentido de 'violar' o 'desflorar'—en el último caso aun cuando se hace con la aquiescencia de la mujer. La condena implícita en la forma atenuante "ofender" ('desvirgar' y, por extensión semántica, 'poseer a la mujer') cae sobre el hombre y convierte a la mujer en víctima.

23. *Coger, joder y expresiones afines*

El disfemismo "standard" en México referente al acto copulativo es "coger(se)". "Las mujeres que ya se han cogido con otros no eran de mi agrado. . . .nos dijo su plan para bailar con ella los tres y la invitáramos a tomar cervezas hasta que ya no pudiera más y luego cogérnosla entre todos" (Lewis, *Los hijos*, 39). "Para estar contenta, una mujer necesita estar bien vestida, bien comida y bien cogida" (ibid., 11). En la actualidad su empleo referente al acto sexual entre los seres humanos tiene que considerarse un uso americano, aunque esa acepción era común en España en siglos pasados (Lope Blanch, *Voc.*, 28.2; Castro, *La peculiaridad*; Wagner, RFE, XX, 177). Hoy en día su uso en la península se limita a Andalucía, y se utiliza para designar la cópula entre los animales (M. Alonso, *Enc.*; Alcalá Veneslada, *Voc.*; Llorante Maldonado, *Estudio*, 168; Alvarado, *Glosarios*; Garzón, *Dicc.*; Santamaría, *Dicc.*).

No podemos concordar con Kany, quien insiste que el verbo en su sentido erótico se ha generalizado en la región del Río de la Plata, en contraste con su uso limitado en México (*Am.-Sp. Euph.*, 83). De hecho, se ha extendido a todas las regiones dialectales y clases sociales del país. Los hablantes mexicanos aun lo evitan escrupulosamente en la conversación diaria, sustituyéndolo con el sinónimo "agarrar", aunque todavía no ha contaminado a las formas derivadas "acoger", "encoger", "escoger" y "recoger" como en la Argentina.

Aunque hay una carencia de datos sobre el desarrollo de la acepción sexual de "coger", es probable que el vocablo era un viejo eufemismo de "joder" por paronimia y metonimia ('agarrar' = una parte del acto proscrito por el todo). Al seguir el desarrollo normal de los eufemismos, la forma indicada habría adquirido el significado tabú que previamente disfrazaba. El caso es que en México "coger" ha desplazado a "joder" y "chingar" en su empleo referente al acto sexual. Se supone que el proceso señalado es relativamente reciente, puesto que los términos desplazados retienen sus connotaciones sexuales, y "coger" no ha desarrollado todavía la cantidad de usos figurados que se espera en tales casos (testigos son las mismas formas "joder" y "chingar"). Esta transferencia de sentidos también produjo un proceso de irradiación semántica por medio de la cual una serie de sinónimos o palabras satélites de "coger" se han convertido en eufemismos de aquel término en su uso erótico. Tal es el caso de los verbos "agarrar", "jalar", "jalonar" (o sus variantes populares "jalonear" y "jaloniar") y "tirar". "Claro, al poco andar, porque tiene que ver con la muchacha, la jaló, la agarró" (Lewis, *Pedro Martínez*, 266). "A mi sobrino le acumularon el asalto, porque en el camino de Huacatlán a Azteca en el çampo jalonió a la muchacha" (ibid., 263). "No sé, pero se me hace que Carlos tiró a esa muchacha en Guanajuato". Si siguen el patrón de desarrollo de la mayoría de los eufemismos, estas formas paulatinamente se convertirán en disfemismos e injurias al contaminarse del concepto séptico que actualmente neutralizan.

"Jalar" y sus derivados también han desarrollado sentidos eróticos en Centroamérica (Malaret, *Dicc.*; Santamaría, *Americanismos*), pero no son exclusivos de aquella región como pretende Boyd-Bowman (*El habla*, 274). También es común en México el sustantivo "una jalada" referente al coito y, por extensión metafórica, toda acción engañosa, dañina o molesta.[131]

Como señalamos anteriormente, el verbo "joder" (del latín *futuere* = 'practicar el coito') se emplea en México sólo en sentido figurado,[132] aunque retiene tanto sus connotaciones sexuales como su aspereza injuriosa. En la mayoría de sus usos se puede considerar un sinónimo de "chingar", aunque es menos frecuente que ese otro verbo predilecto de los hablantes mexicanos. Y como "chingar", el término bajo discusión ha desarrollado dos series generales de acepciones: (1) herir o dañar en cualquier forma, sea física o psicológicamente y (2) irritar, molestar o fastidiar en grado extremo.[133] "Y a usted qué le importa. Yo soy la que me estoy jodiendo aquí. . ." (Lewis, *Los hijos*, 270). "Sáquense para el patio a jugar, cabrones, mulas, que estoy leyendo; no estén jodiendo. . ." (ibid., 31). Dentro de la primera serie de significados se encuentran 'abusar', 'robar', 'engañar', 'golpear', 'acuchillar' y, por supuesto, 'matar' (véase también 19).[134] Una "joda", "jodida" o "jodienda" (en Michoacán, una "jodicia") es cualquier acción que ocasiona perjuicio, daño o molestia, o un hecho gravoso, lesivo o perverso. Un "jodazo" es un golpe maestro, o cualquier acción que ocurre repentinamente. "Y que se acerca un señor. Na' más la agarró, la vió, y de un jalón se lleva seiscientos metros. 'Ah, cabrón' dije yo 'trescientos pesos de un jodazo nos vamos a ganar aquí' " (Lewis, *Los hijos*, 368). "La jodida", junto con "la tiznada", "la fregada" y "la tostada", se emplea como sinónimo de "la chingada" referente a la muerte, sobre todo en el patrón folklórico "se lo llevó la chingada" (véase la sección 19). Pero no la sustituye en aquellas expresiones de abuso verbal que evocan la figura materna (véase

21). No se dice, por ejemplo, "¡Hijo de la jodida!", "¡Jodida madre!" o "¡Tu jodida madre!".

En su empleo adjetival el término tiene las acepciones generales 'herido', 'dañado' o 'estar en malas condiciones', sean físicas, económicas o psicológicas. "No quería decirle a Pedro por no enojarlo, pero él se dio cuenta de que yo estaba mala y se enojó. Dijo: 'Cuando uno está jodido, todo ha de suceder'" (Lewis, *Pedro Martínez*, 338). "...y no pueden ver a uno así jodido, que ande vestido así, porque inmediatamente es uno ratero" (Lewis, *Los hijos*, 349). Pero en su uso como sustantivo el vocablo adquiere un alto grado de ambigüedad al tener un uso pasivo y otro, activo. Por un lado "el jodido" es aquella persona que es víctima de la adversidad—el deprimido, el incapaz, el herido, el enfermo, el pobre, el borracho, etc. Pero por el otro también designa al agente activo que abusa de otro. En este último uso designa al astuto, taimado, fastidioso, egoísta, perverso, maligno o endemoniado. "Pero que ella me dice: 'Ah, jodido, ora verás con tu papá'" (Lewis, *Los hijos*, 38). "Siempre queríamos llorar porque nos tallaba muy duro con el zacate. Me daban ganas de chillar. Ella decía: '¡Mugrosos, jodidos estos, lávense bien!'" (ibid., 19). Asombra la acepción 'persona de modales finos y remilgados' señalada por M. Alonso (*Enc.*) como uso venezolano, aunque podría representar la utilización del término en sentido irónico. O, como puede ocurrir con toda expresión injuriosa, en momentos de intensa emoción positiva los valores tabús se invierten para producir el uso cariñoso de términos normalmente proscritos. En *Los hijos de Sánchez*, por ejemplo, cuando Miguel vuelve de los Estados Unidos un amigo le dice: "Pos ónde andabas tú, jodido éste" (346).

El término "jodón", como su contraparte "chingón" es una forma de sentido ambivalente. Designa a la persona capaz de cometer o infligir una acción dañina, perjudicial o lesiva. Pero también se aplica al que triunfa, o al que se considera experto por sus mañas. "No, pos este cabrón, que el orgullo de Chilapa, y quesque es muy jodón y que quién sabe qué...(Lewis, *Los hijos*, 52).

"Jorobar" es un viejo eufemismo de "joder" por paronimia y metonimia ('corcovar' o 'gibar' como supuestos movimientos ejecutados durante el acto sexual), o por extensión semántica del significado figurado 'molestar, fastidiar'. En México, y sospechamos que también en el mundo hispánico en general, se ha convertido en disfemismo por asociación popular con el concepto tabú que previamente disfrazaba. "Jorobón" es sinónimo de "jodón" y "chingón", y "jorobado" es forma sustitutiva de "jodido" en todos sus usos. Y, finalmente,

Larry M. Grimes

la forma derivada "jorobante" se utiliza referente a aquel que perjudica, engaña o molesta en exceso.

24. *Chingar y sus derivados*

El verbo injurioso "chingar" es de origen índico, y data de la forma gitana "čingarár", o su variante en España, "činkarelár" (Corominas, *Dicc*.). Y ésas son productos de la raíz "činger-" (un compuesto de "činár" = 'cortar' y "kerár" = 'hacer'), común a todas las hablas gitanas de Europa. La forma señalada aparentemente retuvo su sentido original ('cortar, rajar, desgarrar, herir, agujerar o picar con un instrumento agudo') en los dialectos gitanos de Grecia, Rumanía, Rusia y Hungría. En España, Inglaterra, Alemania y Polonia el verbo adquirió la acepción 'pelear' por transferencia metonímica del significado original.

Lógicamente la acepción antigua de 'fornicar' podría representar una extensión metafórica de cualquiera de los sentidos señalados arriba. Al optar por el segundo, Corominas cita a Borrow (*The Zincali*), que incluye las formas "chingarár" ('pelear, reñir') y "chingaripén" ('guerra, combate'), y a De Quindalé y Sales Mayo (*Epítome*), quien registra "chinga" y "chingarí" con los significados 'disputa, riña' y 'represión'. Insiste que de esas acepciones primitivas sería fácil pasar a la portuguesa de 'insultar', y de allí por extensión semántica a 'provocar, fastidiar, estropear o hacer fracasar' por un lado, y 'deshonrar a la mujer' o 'fornicar' por el otro. Pero de hecho la otra hipótesis ('cortar, agujerar. . .' etc. = 'violar, fornicar') es igualmente factible, como lo es la posibilidad que la acepción erótica es la primitiva.[135]

Corominas, seguido por Santamaría (*Mej*.),[136] niega la teoría que el término originó con la expresión nahuatl 'tzinco" = 'desnudo' (según Ferraz, citado por Corominas, *Dicc*.). Pero según Cecilio Robelo (*Diccionario de aztequismos*, 291) el término azteca es una forma compuesta de la raíz "tzintli" ('ano, culo, trasero') y el sufijo "-co", que tiene el valor preposicional de 'en'. Claro está, tal hecho por sí no indica una fuente indígena del verbo proscrito, pero sí ofrece la fuerte posibilidad de un cruce semántico de los dos términos a base de sus acepciones eróticas y la semejanza fonética. El resultado sería una extensión del campo de "chingar" a incluir el concepto del coito anal—fenómeno que explicaría el uso actual del término con connotaciones sodomitas.

Sabemos que a fines del siglo XIX y a principios del XX el verbo "chingar" todavía se empleaba en México con el significado 'fornicar' o 'violar' (Ramos I Duarte, *Dicc.*), pero paulatinamente aquella acepción se ha ido desplazando por la forma metonímica "coger". Ahora la forma "chingar" tiene connotaciones sexuales, pero no se aplica al acto sexual en sí. Es en la expresión "chinga tu madre" donde su alusión al coito es más obvia, pero en este caso no estamos ante una frase "realista", sino una fórmula institucional de abuso verbal. Para sintetizar con terminología popular, uno puede chingar a la mujer sin cogerla, cogerla sin chingarla o chingarla al cogerla.

"Chingar" es el centro del círculo mágico del machismo.[137] El "chingón" es el que rompe las reglas establecidas, el que emplea la violencia con éxito para alcanzar sus metas. Así, bajo todo uso del verbo subyace la idea de romper, abrir, rajar, destruir o penetrar al otro por la fuerza, sea física o psicológica. El que "chinga" lo hace ilícitamente, contra la voluntad de su víctima—el "chingado". Al volverse agresor en los conflictos verbales asume el papel masculino y atribuye a su contrincante una femeneidad imaginaria.[138] Y eso en una sociedad donde el homosexual masculino se tolera a condición de que demuestre las cualidades afemanoides que lo caracterizan como objeto pasivo de la agresión masculina, víctima figurada de la violación sexual. El macho, por el otro lado, tiene un temor obsesivo ante la posibilidad de ser víctima de un ataque homosexual. Los desafíos y duelos lingüísticos entre los llamados "pelados" demuestran una preocupación constante de ser vejado, una inseguridad institucionalizada ante el peligro de perder las características masculinas. En resumen, "ser hombre" es chingar sin ser chingado.

En su uso cotidiano el verbo proscrito tiene dos series generales de acepciones. Primero, se aplica a todo acto que hiere o daña física o psicológicamente a otro ('pegar', 'acuchillar' 'lesionar', 'robar', 'cortar', 'rajar', 'pelear', 'matar', 'decepcionar', 'engañar', etc.).[139] "¡Compadre, compadre, no te dejes operar tú! No te dejes, de verdad, compadre, porque te chingan. . ." (Lewis, *Los hijos*, 341). También se utiliza referente a la acción de irritar, molestar o fastidiar en grado extremo. ". . .dice: 'Pa' no 'star chingando tanto, ¿quieres ciento veinticinco?, ¿sí o no?' " (ibid., 336). "Mira, vieja, ¡no estés chingando!" (ibid., 179). Es interesante notar que el vocablo inglés "fuck" reúne aproximadamente las mismas acepciones figuradas que su contraparte en español, aunque también se emplea referente al acto sexual.

Los hablantes mexicanos no sólo toleran el vocablo tabú, sino que lo festejan en una enorme variedad de formas derivadas y expresiones estiladas. "Achingatar" es ejercer presión sobre otro para lograr algún propósito contra su voluntad; en su forma refleja este verbo designa a aquel que se deja dominar por otro. "Una chinga" es todo lo dicho o hecho que rebaja a uno, que le perjudica en grado intenso:[140] "chinga la que me dieron en el juego de póker"; "chinga la que se tiene que aguantar de esos pinches políticos". También se emplea a menudo referente al trabajo, sobre todo la labor de tipo físico o manual. Pero en su uso más común se aplica a la paliza en las expresiones "acomodar una chinga", "dar una chinga" y "poner una chinga". " 'Ay' dice 'ora verás qué chinga te voy a poner, y verás con tus centavitos' " (Lewis, *Los hijos*, 52). Y por extensión metafórica las mismas fórmulas se utilizan para expresar el abuso de la buena fe de uno, o de su falta de experiencia o de conocimiento. Por ejemplo, cuando alguien paga un precio exorbitante para algo, se dice "qué chinga te acomodaron". "Estar en la chinga" es una expresión de adversidad con el significado aproximado de 'estar malísimo, estar de lo peor'.

"La chingada", aparte de representar la maternidad mexicana y la muerte (véase 21), también se emplea como interjección que expresa el enfado, el fastidio, la extrañeza o el enojo del hablante. " 'No, ahí estoy tomando un poco de aire fresco'. 'No, no, no. ¡Una chingada! Tú tienes una movida chueca. . .' " (Lewis, *Los hijos*, 364). "¡Ya me voy!. . .no me acordaba que tenía un compromiso, hombre. . .¡qué la chingada!" (ibid., 54). Mucho menos frecuente, pero de una intensa aspereza, es la frase interjectiva "¡Me cago en la chingada!", que combina el tabú sobre el excremento con el sexual. El sustantivo proscrito también se emplea como forma intensa de negación ("una chingada te doy" = 'no te doy nada'), como expresión reforzadora de la negación ("ni chingada te voy a decir") o para rehusar o rechazar algo o alguien.

"¡A la chingada!", "¡Vamos a la chingada!", "¡Vete a la chingada!", "¡Lárgate a la chingada!" y "¡Anda a la chingada!" son frases interjectivas que se utilizan como retos a la violencia física, o que expresan el desacuerdo violento, el enfado o el rechazo de algo. Por medio de la transformación metafórica el hablante destierra a su contrincante o al objeto de su ira a una especie de tierra de nadie, una zona de tinieblas poblada por las víctimas del desastre, el infortunio y la muerte. Y el que "anda dado a la chingada" es una persona que anda mal, sea del dinero, la salud, el humor o el prestigio.

". . .como la chingada" es un patrón injurioso que aumenta o refuerza la calidad o la acción que califica. "Abastece como la chingada", por ejemplo, es algo que satisface ampliamente las demandas o necesidades. Alguien que es "aburrido como la chingada" es el que aburre hasta el punto de ser intolerable, y ser "agradable como la chingada" es ser de sumo agrado. "Andar como la chingada" tiene varias acepciones, dependiendo de la situación. Se aplica a una persona disgustada, al que anda mucho a pie o al individuo que anda muy aprisa. Con el verbo "ser" la expresión adquiere un alto grado de ambivalencia. Se dice "eres como la chingada" a la persona malvada, o, en una inversión de los valores tabús, también se aplica en sentido elogioso a alguien que es muy ocurrente, aguzado o inteligente.

"De la chingada" es otra fórmula injuriosa que generalmente se emplea para calificar negativamente al término que modifica, y tiene el significado aproximado de 'malísimo' o 'de lo peor': "Acabarás de la chingada". En su uso como locución peyorativa se puede oponer a "chingón/-ona". "Una casa chingona", por ejemplo, es un edificio hermoso, impresionante, mientras que una "casa de la chingada" es una casucha en mal estado. También funciona como expresión aumentativa: "Hace un frío de la chingada"; "Llovió de la chingada". Y tampoco le falta cierto grado de ambivalencia, puesto que a menudo se emplea en forma elogiosa. "Un libro de la chingada" puede ser (1) una obra que se eleva a la superioridad, que está bien escrita o documentada, o, al contrario (2) una obra mal escrita, o mal fundamentada. El que "corre de la chingada" corre (1) bien y rápido o (2) mal y lento. En tales casos es el contexto lingüístico y/o social que aclara el valor de la expresión en cuestión.

La acepción más común de la locución "estar en la chingada" es 'estar en la miseria o la extrema pobreza', pero también se puede utilizar referente a cualquier situación adversa, sea física, psicológica, política o social. Y las fórmulas ". . .hasta la chingada" y ". . .(hasta) en casa de la chingada" aumentan en grado máximo la calidad o la acción que modifican: "golpeado hasta la chingada" = 'golpeado a punto de morir'; "triste hasta la chingada" = 'sumergido en la tristeza'; "llora hasta la chingada" = 'llora sin pararse'; "arriba en casa de la chingada" = 'algo situado en el punto más alto'; "alcanza hasta en casa de la chingada" = 'algo que abunda, que alcanza y más'.

"Importa una chingada" y "vale una chingada" (o su variante, "vale setenta chingadas") son fórmulas de negación con los significados aproximados de 'no importa en lo absoluto' y 'no vale nada'. Se aumenta su valor negativo por contraste con la adición de adjetivos como "pura" que modifican el término tabú. "A mí todo ese asunto me importa una pura chingada". "¡Para mí vales una pura y celestial chingada!" (Lewis, *Los hijos*, 216). Igual es el valor de la expresión "pura chingada": "aquí vas a cosechar pura chingada"; "aquí vas a hacer pura chingada".

"Chingadatales" y "un chingueral" evocan el tabú para expresar la idea de 'una abundancia exagerada' o 'cantidades exorbitantes'. "Ese cabrón trae chingadatales (un chingueral) de plata". Sinónimos de las expresiones señaladas son "un chingo" y "un chinguero" (o la forma plural "chingueros"): "hay un chingo de cosas que podemos hacer en la ciudad"; "hay chingueros (un chinguero) de gente gritando en la calle".

"Un chingadazo" es un porrazo maestro,[141] y, por extensión metafórica, cualquier acción repentina o inesperada—jugar una carta para ganar el juego, dar una orden, despedir a un empleado, etc. El término injurioso "chingadera" tiene varias acepciones. Designa una acción baja, sucia, perversa o con mala intención: ". . .como vo' a creer eso. ¡No! ¡No! ¡Esas ya son chingaderas, ya no es suerte!" (Lewis, *Los hijos*, 53). Además, se utiliza referente a un acto insignificante, una tontería:[142] "¿Cómo van a castigarte por tal chingadera?". Y, finalmente, designa aquellos objetos o cosas que son inútiles, que carecen de valor: "¡El reloj que me regalaste es una mera chingadera!".

"Chingado/-a" es una forma injuriosa que se aplica con igual frecuencia a cosas y a personas. Empleado referente a los elementos no humanos tiene las acepciones 'deshecho', 'ruín', 'miserable', 'sucio', 'roto', etc. "¡No, yo ya no vuelvo a jugar en mi chingada vida contigo!" "¿Pos qué es eso de que le hace a usted el chingao cerillo así?" (Lewis, *Los hijos*, 53). "¡Esa chingada máquina ya no jala!" Cuando se utiliza para caracterizar a los seres humanos su valor se vuelve altamente ambivalente. Por un lado designa a la víctima pasiva de la adversidad en sus manifestaciones exteriores, al 'pobre', 'enfermo', 'herido', 'borracho', 'desempleado', etc. "¿Por qué le ofreciste cuarto a aquel cabrón?' 'Porque 'stá enfermo, está bien chingado' ". Pero cuando se utiliza referente a los rasgos personales o morales adquiere el significado activo de 'el que abusa o perjudica', y se aplica al pícaro, truhán, sinvergüenza, majadero, bellaco o astuto. "Este chingado de José nos robó el carro y lo vendió en Tepito". Y, como en el caso de la forma "chingón", aparece otro nivel de ambivalencia a base de la creencia que esas últimas características representan requisitos necesarios para que el verdadero "macho" triunfe en la vida. Así el término también ha adquirido los significados 'atrevido', 'audaz', 'resuelto', y aun 'listo', 'capaz' e 'inteligente'. "Ah, chingado de mi jefe. . .se mandó. ¡Chingado de mi jefe, pos ya se echó a Dalila!" (Lewis, *Los hijos*, 348). Y "¡Chingado!" o ¡Qué chingados!", exentos de todo contenido conceptual, se emplean como exclamaciones de protesta, inconformidad, ira, sorpresa, irritación o enfado. "Pos ándale, vamos a ponerle ¡qué chingados!, ya sabes que yo nunca digo no" (Lewis, *Los hijos*, 51). La forma plural también se utiliza para reforzar los pronombres interrogativos. "¿Quién chingados te dijo que la pagaras?" (ibid., 361). "¿De dónde chingados te voy a sacar un trago?"

"Una chingana" es una celada, un engaño o un fraude, algo preparado para sorprender o entrampar a la víctima. Y "el chingaquedito" se dice de la persona taimada que actúa rápido para hacer mal o denigrar a otro, o del que asume el papel de tonto pero que de todo saca ventaja.

"Chingón" es un término repleto de ambivalencia. Por un lado designa a aquel que supera a los demás en astucia y crueldad, al malvado que alcanza sus metas siendo más listo y despiadado que sus rivales. Debido al acondicionamiento histórico, la mente popular concibe del éxito social, económico y político en términos del fraude, el engaño de víctimas inocentes y la superación o destrucción violenta de los competidores. El que triunfa en la vida es aquel que de alguna manera ha cumplido con el requisito de abusar de los demás, el que "chinga al que se deje". Tal individuo, junto con las cualidades negativas por medio de las cuales ha logrado el éxito, se vuelve objeto de admiración y envidia; pero al mismo tiempo es odiado y temido. De allí el vocablo "chingón" ha adquirido acepciones totalmente contradictorias: (1) 'una persona lista, capaz de todo y en cualquier sentido'; (2) 'el individuo bueno, de mucho valor'; (3) 'el rico, importante, el hombre de gran poder, prestigio o influencia'; (4) 'una persona malévola, mañosa, astuta, peligrosa o cruel'. El "abogado chingón", por ejemplo, puede ser el que es muy abusivo con los clientes, o el que es muy listo y capaz. "El chingonazo", "el chingón entre chingones" o "el mero chingón" es 'el hombre de sumo empuje', 'el jefe político de un país', 'el presidente de una empresa', etc. En su forma femenina el término se emplea referente a la mujer que es regañadora, o que se mete en los asuntos de otros. Aplicado a los objetos, el vocablo tabú manifiesta la misma ambivalencia que con los seres humanos. "Un carro chingón" puede ser un automóvil de calidad superior, que corre bien, o uno ruín que rehusa funcionar. "Una fiesta chingona" divierte muchísimo, o es ejemplar de aburrimiento. Y con algunos sustantivos la forma adjetival funciona como término aumentativo: "hace un calor chingón"; "hace un frío chingón".

El adverbio injurioso "chingonamente" sólo se emplea en sentido positivo. "Vivir chingonamente" es 'vivir en lujo, tener todas las comodidades', y "acomodarse chingonamente" es 'tener buenos trabajos políticos, colocarse en lugar prominente'. El verbo derivado "chingonear" designa la acción de darse importancia en la calle o en las reuniones, presumir de "gran chingón". "La chingonometría" es 'el arte de vivir de los demás', de vivir del engaño, del fraude y de la mentira, mientras el adjetivo "chingonométrico" se aplica a algo grande, brutal, extenso o largo.

Los eufemismos por paronimia de "chingar" y sus derivados son múltiples. El más común es la interjección "Chihuahua" (en su sentido recto, es el nombre de un estado de la República Mexicana y de su capital), que imita los dos fonemas iniciales y la asonancia de la voz "chingada". " 'Aah Chihuahua' dije 'éste es mío, porque ya me dijo' " (Lewis, *Pedro Martínez*, 263). De hecho, ha desaparecido la asociación entre la forma señalada y su modelo tabú en la conciencia popular, y ahora se emplea aun en el habla femenil. "Chintetes"[143] es otro eufemismo común en los estados de Guerrero y Morelos. "Ujule, pena de muerte tenía. ¡Ah, chintetes! Lo agarraron aquí en Azteca y que lo meten a la cárcel" (Lewis, *Pedro Martínez*, 263). De uso generalizado también es "chirrión", otra forma sustitutiva que ha dejado de asociarse con la interjección tabú que antes disfrazaba. "Llegó entonces la patrulla; me desamarraron del barandal y me llevaron a la intendencia. Y dije: '¡Ay chirrión! Qué bueno que llegaron ustedes, porque me han castigado y no sé por qué' " (Lewis, *Los hijos*, 221).

El verbo "fregar" es eufemismo de "chingar" por paronimia y metonimia ('restregar con fuerza' = la acción de los cuerpos durante el coito) o por extensión metafórica ('restregar con fuerza' = 'molestar, fastidiar' = 'copular'). En este último caso sería otro ejemplo de verbos como "raspar", "amolar" y "hostigar" que denotan algún tipo de contacto molesto o doloroso, y se han convertido en eufemismos de "chingar", "joder" y "coger" en la mayoría de sus usos.[144] "Estoy ocupada orita. . .No estés fregando" (Lewis, *Los hijos*, 179). "Sí, pero mientras son peras o son perones, ¡friéguese el prójimo! Y mientras la tienes, o no la tienes. . .Y mientras lo piensas si me dejas o no me dejas, me pasas a fregar" (ibid., 487).

"Fregarla" ("la" = 'la verdad') es 'mentir'. " 'Porque me vine en avión, ¿eh?' 'N'hombre, no la friegue. . .' 'Sí, me vine en avión' " (ibid.,

347). Y como "chingar", esta forma eufemística se emplea referente al trabajo físico o manual. "Pues me pusieron a trabajar en la cocina. . . . Y Alberto dice: 'Mire qué suerte tienes tú. ¿Quién sabe a quién le rezas, hermano? Yo sí me voy a tener que ir a fregar allá' " (Lewis, *Los hijos*, 335).

"Fregadazo" (o "fregazo"), "fregadera" (o "fregadura") y "friega" son formas sustitutivas de "chingadazo", "chingadera" y "una chinga" (véanse las páginas anteriores). "¿Viste el azotón que se dio en la mañana?. . .ahí fue donde más duro se dio el fregadazo" (Leñero, *Los albañiles*, 33). "Luego Paula me dijo que había hecho una fregadera y estaba embarazada" (Lewis, *Los hijos*, 171). "El día que yo te llegue a sorprender pegándole, vas a ver como te doy tu friega buena" (ibid., 486). "Un fregón" es "un chingón", y "fregado/-a" es la contraparte atenuante de "chingado/-a". "Antonio le contestó: 'Yo puedo hacer lo que se me dé mi fregada gana' " (Lewis, *Los hijos*, 45). " '¿Por qué le diste chamba?' 'Está fregado' me dijo" (Leñero, *Los albañiles*, 142). "Ese fregado me robó la plata y por poco me mata." "Fregadal" (o "fregal") corresponde a "chingadatal" y "chingueral" para expresar el concepto 'abundancia exagerada o cantidad exorbitante de algo'.

Pero debido a su asociación constante con el verbo tabú a base de la generalización de su empleo, "fregar" se está convirtiendo en forma injuriosa. Ese desarrollo, normal en el caso de los eufemismos, se hace evidente primero en los patrones institucionales, donde la estructura sintáctica de las expresiones disminuye o elimina el poder disfrazador del eufemismo. Este proceso es obvio en el uso del sustantivo "la fregada" como vocablo sustitutivo de "la chingada", empezando con el patrón folklórico "llevárselo la chingada" ('llevárselo la muerte' y, por extensión metafórica, 'sufrir una acción adversa'). ". . .cuando nos enojamos, ésa con lo que se desquita es con no hablar, así se la esté llevando la fregada, pero no habla" (Lewis, *Los hijos*, 469). "Y cuando menos piénsemos estamos sin un centavo, en la fregada" (ibid., 336). ". . .hay unas que, ¡ah qué brutas!, huelen como la fregada. . ." (ibid., 41). ". . .pos va a estar de la fregada, porque el acreedor quiere la tela, o tres mil pesos y dos mil para nosotros" (ibid., 369). "Bueno, pos mira, nomás porque se trata de Abraham y que la fregada vamos a conseguir el dinero" (ibid., 372). "¡Ora verás, hijo de la fregada, te van a matar!" También se han registrado nuevas formas del verbo sustitutivo que no corresponden a derivados del otro término tabú. El "fregadero" es 'un lugar en donde toma lugar la acción de ocasionar a uno molestia o daño, desazón o perjuicio' (Boyd-

Bowman, *El habla*, 112). "Freganza" es un término festivo que se emplea como sustituto eufemístico de "fregada", y la forma "fregatina" (o su variante "fregantina") reemplaza a menudo a los términos "fregada", "fregadura" y "friega".

Otro eufemismo por metáfora de "chingar" en todos sus usos es "tiznar" ('manchar, ensuciar' = 'copular', 'violar', 'fornicar' y, por extensión, 'perjudicar', 'molestar'). ". . .siempre echadote hasta las doce del día mientras yo tiznándome para trabajar. . ." (Lewis, *Los hijos*, 445). Como "fregar", "tiznar" también ha producido formas derivadas y patrones institucionales que corresponden a los de "chingar". ". . .cuando le dije esto de tiznar a su madre sacó su faca" (Lewis, *Los hijos*, 392). "¡Vete con mucho a la tiznada!" (Del Paso, *José Trigo*, 144). "Y que le dijo Carlos 'así te quería encontrar, hijo de tu tiznada madre!' " (Lewis, *Los hijos*, 313). "Oye, compadre, pues últimamente tú y yo nunca hemos andado con tiznaderas, hermano" (ibid., 375). Y, como "fregar", este verbo paulatinamente se está convirtiendo en forma injuriosa debido a su asociación en la mente popular con el término tabú que antes neutralizaba.

25. *Terminología del concubinato*

La práctica del concubinato entre las clases populares de México es tal[145] que ha producido una serie de cambios semánticos en las expresiones referentes a las relaciones matrimoniales en el habla de las masas. La intensa ambigüedad reflejada en esta terminología es el resultado del intento de utilizar el vocabulario tradicional para disfrazar y simultáneamente legitimizar el concubinato por un lado, y por el otro, la necesidad social, legal y aun moral de precisar el estado conyugal de los miembros de la comunidad. El verbo "casarse" ('unirse por la ley y/o la Iglesia') ha sufrido una extensión metonímica, y actualmente se emplea como eufemismo referente a (1) la cohabitación y aun (2) el coito. "Ahora nomás se junta la gente, como se dice, se casan nomás allá en la puerta, y dicen que están casados" (Lewis, *Los hijos*, 312). "En cualquier lado donde yo trabajaba, Crispín me casaba con el dueño. . ." (ibid., 307). Dada la contradicción inherente en el verbo, o se califica con expresiones como "por la ley" o "por la Iglesia", o se evita totalmente a favor de locuciones como "salir de blanco" (referente a la mujer = 'casarse por la Iglesia') o "hacerle formal" ('casarse por la Iglesia y/o el civil').

Pero aun las formas eufemísticas que se utilizan referentes a la cohabitación se cargan de ambigüedad al adquirir por extensión metonímica el sentido de 'copular'. Al popularizarse, estas formas tienden a contaminarse del significado tabú y caen en desuso, o se convierten paulatinamente en formas disfemísticas o injuriosas. "Juntarse"[146] (con sus variantes "arrejuntarse" y "rejuntarse"), "vivir con alguien" y los viejos eufemismos "ayuntarse"[147] y "coyuntarse", tienen las dos acepciones figuradas señaladas arriba. "Meterse (con alguien)" se emplea en los sentidos de (1) 'enamorarse con mucha vehemencia' (M. Alonso, *Enc.*), (2) 'vivir en el concubinato' (Kany, *Am.-Sp. Euph.*, 165; Sandoval, *Dicc.*) y (3) 'copular'. "Marina no quiere que andes conmigo, dice que yo ya me metí contigo, que ya no me quieres. . ." (Lewis, *Pedro Martínez*, 364). "Desde antes de que me la trajera para acá ya se metía con todos" (Leñero, *Los albañiles*, 138).

En contraste a "meterse con alguien" y "vivir con alguien", la expresión "arrimarse" no tiene connotaciones sexuales. El verbo designa un sistema de ayuda mútua que funciona entre los pobres por medio del cual un individuo o una familia, cuando no tiene habitación, comparte la casa y los bienes de amigos o parientes, acaso tan pobres como ellos. Santamaría (*Mej.*) pretende que el acto de "arrimarse" es casi siempre indicio de gran necesidad en las mujeres, pero que en los hombres es más bien indicio de holgazanería.

El término "mujer" se emplea referente a la esposa legal y a la amante, pero se asocian con expresiones calificadoras (". . .por la ley", ". . .legal", ". . .por la Iglesia") cuando se utilizan en el primer sentido. "Señora" y "esposa", junto con "marido" y "esposo", sufren de la misma ambigüedad debido a su uso eufemístico referente a la pareja que vive en unión libre. Cuando se aplican al matrimonio sancionado por las instituciones legales y/o religiosas se adjuntan las mismas locuciones calificadoras señaladas arriba.

"Novio" y "novia" son eufemismos comunes empleados para disfrazar la cohabitación, como también lo son los términos cariñosos "jefe/-a" y "patrón/-ona" (los últimos se utilizan también en el sentido de 'padre' y 'madre').

NOTAS

Capítulo I

[1]Según Edward Shortland, el término polinesio *tapu* o *tabu* es una forma compuesta: *ta-* = 'demarcar' y *pu* o *bu* representa un adverbio de intensidad (*Traditions*).

[2]En el sentido, por ejemplo, de que la agresión manifestada en el acto sexual representa una fragmentación del orden natural de las cosas, una especie de impiedad necesaria.

[3]También se les conoce como "campos semánticos", enfocándolos desde la perspectiva de su manifestación en el nivel conceptual. Pensamos aquí, por ejemplo, en los términos comunes referentes a la muerte, la cópula, ciertas partes del cuerpo, etc.

[4]Claro está, cada lengua fragmenta e interpreta el mundo a su manera. En cuanto a la relación entre el lenguaje y la realidad, Eugenio Coseriu ha escrito que "...las lenguas particulares no son sólo nomenclaturas distintas, desde un punto de vista puramente material, para interpretar cosas ya dadas, sino más bien redes de significación que organizan de diferentes maneras el mundo experimentado. O, dicho de otro modo: el lenguaje no es constatación sino delimitación de fronteras de lo experimentado. Naturalmente, esto no quiere decir que la creación lingüística no puede ajustarse a una delimitación físico-objetiva o natural. En realidad, la creación lingüística puede pero no tiene que corresponder a delimitaciones objetivas" (citado de Baldinger, *Teoría semántica*, 51). Baldinger mismo afirma que "...la determinación de los objetos mentales (conceptos descriptivos o cognitivos) de la lengua común no puede partir de la realidad, sino de la lengua misma. Las definiciones de los objetos mentales deben analizar las oposiciones semánticas, los rasgos distintivos; las definiciones deben ser—en general—intensionales, no extensionales. Los objetos mentales son definibles (intencionalmente), los límites de la realidad no lo son, al menos dentro del lenguaje común" (ibid.).

[5]Ninguna lengua natural nombra todas las cosas existentes en la realidad.

[6]O sea, los eufemismos, productos de un proceso de evasión lingüística.

[7]Se refleja en un proceso de evocación lingüística cuyos resultados son los disfemismos y las injurias (véase capítulo 2). Los sistemas tabús se componen de mecanismos de obediencia colectiva que tienen valor y significación rituales (Steiner, *Taboo*, 220-221). Los eufemismos, los disfemismos tabús y las expresiones de abuso verbal representan la manifestación de aquellos sistemas en las lenguas naturales.

[8]O, diría Van Gennep, un "círculo mágico" (*The Rites of Passage*, 13).

[9]Freud consideraba que la "conciencia tabú" representaba la forma más antigua de la conciencia moral (*Totem y tabú*, 99).

[10]En nuestro esquema anterior, Aa, Bb y Cc representan esas mismas categorías tabús que producen una discontinuidad parcial dentro del sistema de la lengua.

[11]"Ego center".

Notas

[12]Como indica Leach, en las culturas primitivas estos elementos "peligrosos" adquieren tal poder que se emplean en la práctica de la medicina de tipo mágico ("Anthropological Aspects", 38).

[13]Los elementos de la categoría C también se pueden clasificar en una escala graduada de "más prohibido/menos prohibido" que depende de su distancia del "yo" (cercano/lejano; más como yo/menos como yo).

[14]La definición del incesto varía según la sociedad de que se trate. Habría que aplicar una escala graduada para analizarlo puesto que en algunas culturas las relaciones sexuales se toleran entre miembros lejanos de la misma familia, mientras que en otras el contacto sexual aun con parientes lejanos se considera una violación del tabú.

[15]Para el problema de la confusión de lenguaje y realidad, véanse las obras siguientes: Hayakawa, *Language in Thought and Action*, 86; Jung, *Symbols of Transformation*, 140; Schlauch, *The Gift of Language*, 13; Vygotsky, *Thought and Language*, 128; Malinowski, "The Language of Magic"; Walpole, *Semantics: The Nature of Words*, 85; Sagarin, *The Anatomy of Dirty Words*, 22-23; Ogden y Richards, *The Meaning of Meaning*, 11; Ullmann, *Semantics, An Introduction*, 39, 71; Frazer, *Taboo and the Perils*, V.

[16]En algunos grupos primitivos se le puede aplicar la magia al hombre por su nombre, como por el pelo, las uñas o cualquier otra extensión del cuerpo. En esas sociedades impera el llamado "tabú nominal". Para protegerse de los enemigos, sus miembros esconden los nombres propios y adoptan pseudónimos. Además, nunca se pronuncia el nombre de un muerto para evitar que se materialice el espíritu del difunto.

[17]Su función "mitopoyética", según Ernst Cassirer (*Antropología filosófica*, 166).

[18]Lo que Cassirer denomina el "lenguaje analítico".

[19]La "declaración falsa" de la magia verbal, según Malinowski.

[20]Véase, por ejemplo, *Religion of the Semites*, 466.

[21]Para las varias clasificaciones de los campos tabús y sus supuestas motivaciones, véase Kany, *American-Spanish Euphemisms*. A.J. Carnoy, en *La science du mot: traité de sémantique*, señala cinco clasificaciones del tabú: el social, el religioso, el moral, el supersticioso y el familiar. De hecho, estas categorías se confunden. W. Havers (*Neure Literatur*) incluye los nombres de animales, los nombres de partes del cuerpo, el fuego, las enfermedades, lesiones y anormalidades físicas, los nombres de dioses y demonios. R.F. Mansur Guérios (*Tabús lingüísticos*) analiza los tabús en nombres de personas, parientes y autoridades; los términos religiosos; términos referentes a los muertos; los animales; las partes del cuerpo; lugares y circunstancias; enfermedades y defectos físicos y ciertos alimentos.

[22]Esto representa otra confusión de categorías, puesto que los tabús sobre el sexo, las partes del cuerpo, etcétera, se evocan en las expresiones injuriosas (véase el capítulo 2). A.J. Carnoy (*La science*) incluye como causas del eufemismo (1) el deseo de adaptarse a una circunstancia en la cual la palabra propia resultaría demasiado plebeya; (2) el ennoblecimiento de la propia personalidad; (3) el respeto cortés hacia aquél a quien se habla; (4) la necesidad de atenuar una evocación penosa. J.S. DaSilva ("O eufemismo e o disfemismo"), como Ullmann, clasifica los eufemismos según motivaciones secundarias. Habla de los eufemismos de superstición y piedad, de decencia y decoro, de delicadeza y respeto y de prudencia y megalomanía.

[23]Podría representar una debilitación parcial de ese tabú en el mundo moderno.

[24]Véase Kany, *Am.-Sp. Euph.*, 5-11. Leach ("Anthropological Aspects") intenta clasificar la naturaleza e intensidad de los tabús sobre los animales según su división en animales domésticos, animales de hacienda, animales salvajes y animales exóticos.

Larry M. Grimes

[25]No nos referimos necesariamente a la religión organizada, institucionalizada.

[26]"¡Que Dios lo maldiga...te maldiga!", que son expresiones de suma aspereza en inglés.

Capítulo II

[27]Es decir, desde una perspectiva semasiológica, lo que conduce de una forma lingüística (denominada variamente "significante", "imagen acústica", "monema", o "nombre") a lo que puede evocar en el oyente, sea un pensamiento o una emoción.

[28]Lo que Bühler denomina "Darstellung" (véase el modelo de órganon, "das Organon-Modell der Sprache", *Sprachtheorie*, 28; o, en la traducción española, *Teoría del lenguaje*, 2a ed., 51), y Ullmann llama "significado objetivo" (*Semantics*, 142).

[29]Para distinguir entre denotación y connotación, Baldinger (*Teoría semántica*) sigue el esquema de Klaus Heger, discípulo de Louis Hjelmslev. Desde una perspectiva semasiológica, habla del monema, cuyo contenido consta de un significado, o sea un conjunto de significaciones individuales. Cada significación, a su vez, consta de un conjunto compuesto de un semema simbólico (denotación) y uno o más sememas de síntoma y señal (connotación). Finalmente, cada semema, sea simbólico o sea síntoma y señal, se puede subdividir en uno o más semas (elementos mínimos de significación). Bernard Pottier (*Presentación*) descompone la significación en aun más categorías.

[30]Y más allá de los significados institucionales hay las asociaciones que son producto de las experiencias personales del hablante individual. Tales asociaciones son difíciles de analizar. Hasta el momento se lo ha intentado sólo por medio de la poesía— uso sumamente personal del lenguaje—o por los *tests* asociativos en los cuales el sujeto, al escuchar un término, tiene que ofrecer instantáneamente una serie de expresiones sugeridas por dicho término.

[31]Como hemos señalado, tales asociaciones existen tanto en el nivel de la denotación como en el de la connotación.

[32]Es decir, que parten del nivel de los significantes.

[33]Ullmann las incluye bajo "feeling-tone" y "evocative value".

[34]Véase Baldinger, *Teoría semántica*, 220.

[35]Los tabús sobre los animales, por ejemplo: si el hablante ve un animal y comenta que "es un burro", las connotaciones que se actualizan son neutrales. Pero si comenta igual al señalar un ser humano el contenido simbólico cambia radicalmente, y el término adquiere connotaciones negativas.

[36]Es decir, una significación simbólica con varios conceptos descriptivos, algunos tabús y otros no.

[37]De hecho, el machismo mexicano tiene su equivalencia en todas las culturas occidentales, aunque sus manifestaciones pueden diferir de sociedad en sociedad.

[38]"Piedra" o "terrado" por "cabeza", por ejemplo. Los disfemismos se extienden más allá del dominio del tabú. Representan expresiones que normalmente simbolizan conceptos considerados como negativos por los hablantes de la lengua en cuestión.

[39]"Me dio tanto coraje porque me dijo que nomás andaba yo de puta, nomás andaba abriendo mis piernas pa' que me hicieran los hijos" (Lewis, *Los hijos*, 464).

[40]Denominadas así por Edmund Leach en "Anthropological Aspects".

[41]F. Steiner (*Taboo*, 20), al comentar que el tabú es una evasión ritual instituciona-

Notas

lizada, no tuvo en cuenta el hecho de que también se manifiesta en una evocación ritual bajo ciertas circunstancias sociales. El escritor mexicano Octavio Paz ha escrito lo siguiente: "En nuestro lenguaje diario hay un grupo de palabras prohibidas, secretas, sin contenido claro, y a cuya mágica ambigüedad confiamos la expresión de las más brutales o sutiles de nuestras emociones y reacciones. Palabras malditas, que sólo pronunciamos en voz alta cuando no somos dueños de nosotros mismos. Confusamente reflejan nuestra intimidad: las explosiones de nuestra vitalidad las iluminan y las depresiones de nuestro ánimo las oscurecen. Lenguaje sagrado, como el de los niños, la poesía y las sectas. Cada letra y cada sílaba están animadas de una vida doble, al mismo tiempo luminosa y oscura, que nos revela y oculta. Palabras que no dicen nada y dicen todo. . .Son las malas palabras, único lenguaje vivo en un mundo de vocablos anémicos. La poesía al alcance de todos" (*El laberinto*, 67).

[42]El término señalado todavía es una injuria de tipo residual.

[43]Algunas expresiones se emplean como disfemismos e injurias. "Culo" es un disfemismo cuando se utiliza con referencia al ano, pero se convierte en injuria en la fórmula de rechazo "¡Ni culo!".

[44]El eufuismo, por su parte, es una expresión exageradamente laudatoria que sustituye a otra positiva, neutral o negativa ("sentir el éxtasis" referente a la cópula, por ejemplo). El término se deriva del título de la obra "Euphues", escrita por John Lyly durante el reinado de Isabel I. Se refiere a una elegancia de lenguaje tan exagerada que cae en lo artificial. Los eufuismos son poco comunes en el habla popular.

[45]Además, tanto el eufuismo como el eufemismo pueden utilizarse para dignificar o exaltar un concepto neutral. Aquí pensamos en los casos siguientes: el deseo de adaptarse a una circunstancia en la cual una palabra podría resultar demasiado plebeya ("cabello" por "pelo"), el ennoblecimiento de la propia personalidad ("profesor" por "maestro"), el respeto cortés hacia aquel a quien se habla ("su señora" en vez de "su mujer"). No ponemos mayor énfasis en esas funciones del eufemismo visto que no son relevantes al estudio del tabú mismo.

[46]De "chimba" = 'vulva'.

[47]Actualmente en México se emplea el término en sentido figurado.

[48]Kany también da un análisis incompleto de los tabús sobre los animales. Sólo reconoce tal campo en cuanto a que las designaciones de ciertos animales son sustituidas por eufemismos, pero ignora el campo fecundísimo de los nombres de animales que se emplean con fines de abuso verbal (las injurias). De hecho, junto con los tabús sobre el cuerpo, la actividad sexual y la muerte, el tabú sobre los animales representa la mayor fuente de injurias en las culturas hispánicas.

[49]Véase el caso de "coger" (la sección 23 del capítulo III). Originó como eufemismo por metonimia de "joder", pero paulatinamente desplazó a aquella forma en su valor de 'fornicar'.

[50]El impacto de una nueva forma injuriosa que no representara una mera variante de una fórmula ya conocida sería nulo. Perdería todo efecto en el oyente.

[51]Véanse los casos de "pendejo" (la sección 6), "pinche" (la sección 20) y "carajo" (la sección 3.1) en el capítulo III.

[52]Véanse las obras siguientes para otras clasificaciones de los eufemismos: R.F. Mansur Guérios, *Tabús*, 20 y ss., que reproduce también las clasificaciones de Wilhelm Havers, *Neuere Literatur zum Sprachtabu*; Pierre Guiraud, *La semántica*, 57-58, aunque el autor peca de no tener en cuenta muchos de los procesos eufemísticos; Camilo José Cela, *Diccionario secreto*, I, 28; Gustav Stern, *Meaning and Change of Meaning*, 330-332. Pero es João da Silva Correia ("O eufemismo e o disfemismo na lingua

Larry M. Grimes

e na literatura portuguesa") quien incluye la clasificación más completa de los procesos eufemísticos. Aunque creemos que muchos son redundantes o no se aplican al análisis del habla popular, vale la pena reproducirlos en forma esquemática: (1) los gestos; (2) el tono de la voz; (3) la elipsis; (4) la sustitución de fonemas dentro de la palabra; (5) los préstamos de lenguas extranjeras; (6) los términos científicos; (7) los arcaísmos; (8) la onomatopeya; (9) los términos del lenguaje infantil; (10) la interpretación popular (la etimología popular); (11) las formas derivadas, incluyendo los diminutivos; (12) las formas primitivas; (13) las formas compuestas; (14) las denominaciones afectuosas; (15) la deformación fonética, incluyendo la reducción, la incorporación, la dislocación prosódica, la mutación de fonemas, la inversión de sonidos, el cruce de términos; (16) el cambio de género; (17) el cambio de número; (18) el cambio de modos; (19) el cambio de tiempos; (20) un cambio de la forma preposicional; (21) las alianzas léxicas; (22) la metonimia; (23) la metáfora; (24) la alegoría; (25) la antífrasis; (26) la circunlocución; (27) la hipersemia; (28) las expresiones negativas; (29) los complementos disculpadores.

[53]O supuesta semejanza, puesto que cada lengua tiene su manera de interpretar la realidad por medio de las formas metafóricas. Las metáforas aceptadas como "normales" por los hablantes de una lengua pueden parecer el colmo de la irracionalidad al ser traducidas a otra lengua.

[54]Véase Stephen Ullmann (*Semantics*, 212 y ss.), quien insiste que toda metáfora es el resultado de la similitud de significados. Incluye todas las categorías de metáforas señaladas por Gustav Stern (*Meaning and Change of Meaning*, 301-330). Kany (*Semántica hispanoamericana*, 40-85) provee una síntesis útil de las clasificaciones presentadas por Ullmann y Stern.

[55]Stern (*Meaning and Change*, 351 y ss.) utiliza el término "permutación" al referirse a la metonimia. Según Ullmann, "contigüidad" se debe entender en el sentido muy general de "toda relación asociativa que no se basa en la similitud" (*Semantics*, n. 1, 212). Además, la entendemos en el sentido de toda transferencia semántica que se funda en la tangencia, proximidad o inmediación de las realidades reflejadas por los conceptos y sus expresiones lingüísticas. Kany (*Semántica*, 153 y ss.) incluye una clasificación de las relaciones metonímicas: la materia por el objeto hecho con ella; el receptáculo por el contenido; la parte por el todo; el símbolo por lo simbolizado; el instrumento por el producto; el nombre procedente de una acción concomitante; la acción por el producto, el resultado, el agente, el medio, el lugar o el tiempo de la acción; la cualidad por la persona o cosa que la posee; nombres de personas por productos; lugares por acciones o productos; el estado mental por el objeto o la persona causante.

[56]Una excepción es la interjección "¡Hijo!" (o su variante "¡Híjole!"), que se deriva de la fórmula "¡Hijo de la chingada!". La reducción es tal que la interjección parece haber perdido todo nexo asociativo con la fórmula injuriosa, y actualmente es empleada aun por las mujeres.

[57]Michel Bréal discute este fenómeno en uno de los primeros tratados de semántica moderna (*Essai de sémantique*, 100). Sagarin ofrece ejemplos del mismo tipo de eufemismo en inglés: *the solitary sin* (el pecado solitario) y *self-abuse* (abusar de uno mismo), referentes a la masturbación (*The Anatomy of Dirty Words*, 74).

[58]También 'matar' (véase la sección 19 del capítulo III).

[59]Tanto el significado original como el desarrollo etimológico del término son controvertidos.

[60]Y la madre se convierte en prostituta (véase la sección 21 del capítulo III). En México es una de las pocas expresiones en las cuales el vocablo "chingar" se emplea

con referencia al coito. Actualmente la gran mayoría de sus usos son figurados. La expresión en cuestión tiene su equivalente en la injuria norteamericana "Fuck your mother!".

[61]Es también por medio del proceso metafórico que las cualidades (o supuestas cualidades) negativas de los animales se extienden a calificar a los seres humanos. En el caso de la injuria "puerco", la suciedad física del animal en cuestión se transfiere al aspecto físico y/o moral del objeto del insulto, y lo transforma figuradamente en la criatura tabú.

[62]En México el término "jodido" sólo se emplea en sentido figurado.

[63]En *Semántica hispanoamericana* (76-84), Kany incluye una serie de injurias y disfemismos usados para referirse a los niños.

[64]Véase Wundt, *Die Sprache*, 576. Stern comenta lo siguiente: "In this process speech only follows the course of the emotions themselves, in which, when we have attained the highest intensity of joyous surprise, the sudden transition to painfulness follows, evoked by the concomitant physical processes. The change of abuse into endearment belongs to the instances in which the striving for an adequate relief to the emotion calls for the name of the opposite emotion" (*Meaning and Change*, 324).

[65]Hemos intentado clasificar las expresiones tabús según el intento del hablante al emplearlas y su impacto psicológico en el oyente.

[66]Véase también el caso de "pinche" (la sección 20 de capítulo III).

[67]En la sección 3 del capítulo III hemos clasificado estas expresiones según su significado tabú original.

[68]Creemos más preciso denominarlas "injurias atenuadas" en vez de "pseudoeufemismos" como hacen algunos lingüistas (Martín, *Diccionario*, por ejemplo). Claro está, hay casos en que tales formas se convierten en eufemismos. Un ejemplo es la expresión "la tuchi", producto de la elipsis y el cruce de formas truncadas ("*tu chi*ngada madre").

Capítulo III

[68]En Bolivia "aguayo" es 'manta', rebozo que usan las mujeres o bolsa grande de cuero.

[69]Compilados de M. Alonso, *Enc.*; Kany, *Am.-Sp. Euph.*, 143; Corominas, *Dicc.*; Santamaría, *Mej.*; Sobarzo, *Vocabulario*; Boyd-Bowman, *El habla*, 202, 307; Martín, *Dicc.*

[70]El vocablo "carajo(s)" retiene su concepto original tabú en España (Martín, *Dicc.*).

[71]"Chile" es un viejo eufemismo de "verga" que se ha convertido en forma disfemística e injuriosa por asociación popular con el concepto tabú. Las formas derivadas "enchilada" y "chilazo" se emplean referentes al coito.

[72]El término "huevos" se originó como metáfora eufemística basada en la similitud de forma (véase, por ejemplo, "Capón que quiere agradar damas" de Quevedo, citado por Cela, *Dicc.*, I, 179-180), pero su uso para referirse a la virilidad, valentía o valor masculinos no impera en España (Martín, *Dicc.*).

[73]Véanse también las obras siguientes: F. González Pineda, *El mexicano. Psicología de su destructividad*; S. Ramírez, *El mexicano. Psicología de sus motivaciones*;

Larry M. Grimes

A. Aramoni, *Psicoanálisis de la dinámica de un pueblo (México, tierra de hombres);* R. Díaz-Guerrero, *Estudio de la psicología del mexicano,* "Mexican Assumptions about Interpersonal Relations" y "Neurosis and the Mexican Family Structure".

[74]Lo mismo ocurre en otros países hispanoamericanos (Kany, *Am.-Sp. Euph.,* 142), aunque "carajo" retiene su acepción original en España (Martín, *Dicc.*).

[75]Los pseudoeufemismos "caraj" y "carajal" funcionan como injurias residuales, puesto que no alcanzan a disfrazar el término tabú.

[76]Es otra inversión psicológica de las reglas que gobiernan el tabú. Cuando son extremas las emociones positivas, a menudo se expresan con los términos más intensos de la lengua—las injurias.

[77]¿La misma zona de tinieblas poblada por "la verga" y "la chingada"? "¡Vete a la. . .verga, chingada!"

[78]El sufijo "-azo" indica un golpe u otro movimiento generalmente ejecutado con lo expresado por la raíz. Son de uso común también las formas injuriosas "putazo", "chingadazo" y "cabronazo" referentes al golpe.

[79]Lo hemos oído en Veracruz y Guerrero utilizado para referirse en sentido técnico a la vulva, y en expresiones de abuso verbal.

[80]Hace años escribió A. Rabanales ("Recursos lingüísticos", 286) que en Chile "los españoles son 'los coños' por el hábito que tienen de emplear este vocablo como interjección, cuya significación sexual desconoce casi siempre nuestra gente"

[81]Para dar algunos ejemplos: "¡Cerrad la ventana, coño!"; "¡Coño, mira quien llega!"; "¿Qué coños te ha dicho?"; "¡Qué amigo ni qué coño!"; "¡Qué coño!"; "¡Qué coño de mujer!"; "¡Estoy harto hasta el mismo coño!"; "¡Me cago en el coño de tu madre!"

[82]En Venezuela también se emplea con la acepción 'sinvergüenza' o 'golfo' (M. Alonso).

[83]Hay expresiones análogas en el inglés norteamericano. El término "ass" (literalmente, 'trasero') se emplea referente a la vulva, la cópula y aun a la mujer que es el objeto del acto sexual.

[84]No tiene que ver necesariamente con las prácticas sexuales de los hablantes. Hay expresiones análogas en el inglés de los Estados Unidos. Tanto el agente como el objeto de los verbos injuriosos "fuck" y "screw" ('fornicar') pueden ser del mismo sexo en su uso figurado ('herir, tomar ventaja, dañar, engañar', etc.).

[85]"Ojete" retiene su acepción 'ano' en España (Martín, *Dicc.*).

[86]Siempre con la posibilidad de una referencia oblicua a la cópula anal (véase "cular[se]").

[87]También se invierte el proceso, o sea que para aumentar la aspereza de hostilidad se nombran las nalgas con la expresión "los culos".

[88]Expresiones que resultan de la vieja creencia que las fases de la luna tienen una influencia reguladora en el estado psíquico o físico del hombre. Otros ejemplos son: "estar de buena o mala luna" ('estar de buen o mal humor'); "estar o vivir en la luna" ('estar en babia, vivir de utopías'); "tener uno lunas" ('sentir perturbación en el tiempo de las variaciones de la luna') y, aunque ha perdido su motivación original, "lunático" ('el que padece locura no continua, sino por intervalos').

[89]En el inglés de los Estados Unidos la forma popular "piss" ('orina' u 'orinar') se utiliza en una multitud de expresiones injuriosas.

[90]Estos usos imperan también en la península (Martín, *Dicc.,* 51; W. Beinhauer, *El español coloquial,* 88).

[91]Por ejemplo: ¡Me cago en la leche que te han dado! ¡Me cago en padre! ¡Me cago

102

en el padre que te hizo! ¡Me cago en tu familia! ¡Me cago en tu estampa! ¡Me cago en tus muertos! ¡Me cago en diez (eufemismo por paronimia de Dios)! ¡Me cago en la leche puta! ¡Me cago en la mar! ¡Me cago en la mierda! ¡Me cago en la porra! ¡Me cago en los cojones de Mahoma (o de Buda)! También se emplea en el sentido de 'estropear algo' ("Ya han cagado el viaje a América"), o 'cometer una torpeza o indiscreción' ("¡Has cagado esta oportunidad, idiota!").

[92]Otra variante es "cubierto(a) de mierda".

[93]También puede haber resultado de la similitud fonética con la expresión antigua "bebdo" = 'borracho' (M. Alonso, *Enc.*), ya desaparecida del español popular de México. Todavía están vigentes las formas "bébedo" (A. Jiménez, *Picardía*, 195) y "beodo".

[94]"Coger pedo", "estar pedo" e "ir pedo" se utilizan en el mismo sentido en Navarra (M. Alonso, *Enc.*), Centroamérica, Argentina y Uruguay (Malaret, *Dicc.*; Boyd-Bowman, *El habla*, 304).

[95]"Chaqueta" en el sentido de 'prenda de vestir' se ha desplazado por la forma "chamarra" en el habla cotidiana.

[96]En su sentido recto, "paja" se sustituye por la forma "popote", del nahuatl "popotl".

[97]Una variante de la expresión señalada es "¡Pélame el pito!" ("pito" = 'pene' por similitud de forma).

[98]Otros significados figurados de "pelarse" son 'dar una pela, azotar'; 'proceder sin pudor ni tapujos' y 'descararse'.

[99]"Luego le pusieron el 'Tres Diarios' porque era muy puñetero el cabrón..." (Lewis, *Los hijos*, 34).

[100]En el lunfardo argentino "bombear(se)" es un eufemismo metafórico referente al pene (Trejo, *Dicc.*, 125) que se basa en una supuesta similitud de forma. Que sepamos esa acepción no aparece en México.

[101]Es interesante notar que "corcovar" era sinónimo de "jorobar" en su antiguo sentido recto de 'gibar'. Al convertirse en eufemismo de "joder", "jorobar" ejerció una especie de atracción semántica que transformó a sus sinónimos en eufemismos del verbo proscrito. Es probable que la influencia de "joder" es responsable de la acepción figurada de 'fastidiar y molestar' que tienen los vocablos "corcovar", "gibar" y "jorobar" hoy en día (M. Alonso, *Enc.*).

[102]Otras expresiones que evocan la figura materna son: caerle (a uno) de madre; darle en la madre; estrellarle (a uno) la madre; madrazo; madrearle (a uno); ¡Ni madre!; partirle (a uno) la madre; ponerle (a uno) en la madre; por mi madre; rajarle (a uno) la madre; tener poca madre; ¡Vale madre! (véase 21).

[103]Véase la sección 23.

[104]También se emplea en el sentido figurado de 'agarrar a uno y golpearlo'.

[105]Se empleaba con el mismo sentido en el caló peninsular de la época (Salillas, *El delincuente español. El lenguaje*, 221, 319). Aunque aparece en el habla moderna (Martín, *Dicc.*) su uso no es tan extenso como en México.

[106]Consta señalar que el mismo fenómeno ocurre en el inglés de los Estados Unidos. En su uso figurado de 'dañar, herir, engañar', las expresiones "fuck over" and "fuck" ('fornicar' en su sentido recto) se aplican indistintamente a un objeto femenino o masculino.

[107]Lope Blanch (*Voc.*, 27-37) registra los sustitutos siguientes para "la chingada" en la fórmula señalada: Candinga, Castro Ruz, Chilam Balam, Dios, Don Ferruco, el asco, el cabrón, el carro, el carretón de la basura, el cuerno, el chafirete, el cháfiro, el chamuco, el chápiro, el chorro, el demonio, el diablo, el furgón, el mal, el nagual,

Larry M. Grimes

el Pirata Negro, el pulque, el río, el tren, el vicio, el vino, Gestas, Judas, la bruja, la calaca, la carroza, la corriente, la charrasca, la charrasqueada, la chota, la enfermedad que no perdona, la fiebre aftosa, la fiebre carbonosa, la Gayosos, la llorona, la matraca, la momia, la negra, la pelona, la peste, la que lo trajo, la sonrisa, la roña, la tifo, la tis, la tostada, la trampa, la triste, la tristeza, la vieja, la yerba, las aguas, las drogas, los fríos, los hermanos Alcázar, mandinga, Mao Tse Tung, Nikita, Panfletas, patas de cabra (o de diablo, de gallo, de gestas, de león, de pifas), Pateta, Patetas, Patotas, Pifas, Santa Claus, Tangassi, un chato y una cotorra.

[108]"Tiznada" también ha producido eufemismos por paronimia, tales como "la tostada" y "la trompada", cuyo uso se limita a patrones institucionales particulares ("se lo llevó la tostada", "es un hijo de la trompada", etc.). Y aparte de las formas señaladas en la nota 104, "chingada" ha producido un sinfín de eufemismos basados en su primera sílaba: chihuahua, la chiripa, la chirifusca, la chinita, la china Hilaria, la chiva, etc.

[109]En Argentina, Chile y Nicaragua el verbo "desgraciar" en su forma reflexiva significa 'asesinar' (Valle, *Dicc.*), con la implicación que el que mata se daña al deshonrarse. En los mismos países "tener una desgracia" es 'suicidarse' (Kany, *Am.-Sp. Euph.*, 25). Y en algunas regiones de México "un desgraciado" es 'un ruin, un miserable', mientras que en otras significa 'hijo de puta' (Santamaría, *Mej.*).

[110]En Colombia "pelárselas" es 'irse, huir' y "pelarla" es 'morir' (Lope Blanch, *Voc.*, 66; Tobón Betancourt, *Colombianismos*; Malaret, *"Voces"*, 60). En Ecuador "pelarlas" se emplea referente a la muerte (León Rey, *El lenguaje popular*, 63). En Perú el verbo tiene la acepción figurada de 'robar' (Trejo, *Dicc.*, A31; Bonilla Amado, *Jerga*, 103), y en el lunfardo argentino disfraza los conceptos 'sacar arma' y 'esquilmar en el fuego' (Trejo, *Dicc.*, 8; Casullo, *Dicc.*).

[111]Lope Blanch (*Voc.*, 109) sugiere otra fuente del significado 'matar'. ". . .los pepenadores o merodeadores. . .en tiempo de guerra, despojaban cadáveres, llegando, si ello era necesario, a rematar a los heridos o a asesinar a quienes se descuidasen".

[112]En México "un rajado" es 'un cobarde', 'un mentiroso' o 'un engañoso': "¡Lárguense, putos, rajados, jijos de la chingada!".

[113]Véase también Malaret, *Dicc.*; Santamaría, *Mej.*; A. Jiménez, *Picardía*, 204; Castellón, *Dicc.*; Segovia, *Dicc.*, 261. Santamaría y Segovia señalan el término "picho" con el mismo significado.

[114]Curiosamente similar a la forma inglesa "piss" ('orinar' y 'orina').

[115]Según Corominas (*Dicc.*) es un término relativamente reciente. Los primeros ejemplos literarios aparecen el el siglo XIX.

[116]Se utiliza en México ocasionalmente en el sentido de 'matar con cuchillo' (Lope Blanch, *Voc.*, 147).

[117]Se incluye este significado en el DRAE desde 1817.

[118]En forma alterada ("piniche") el mismo vocablo se utiliza referente al diablo en algunas regiones de México (Boyd-Bowman, *El habla*, 112, 305). Es un fenómeno algo análogo al significado 'diablo, un endiablado por travieso' de la forma "pingo", variante masculina de "pinga" ('pene').

[119]En esta expresión, "chingar" se emplea en su sentido original de 'violar' o 'fornicar'. La expresión tiene múltiples variantes."¡Tú vas y chingas a tu madre!" (Lewis, *Los hijos*, 208). ". . .es que se vaya usted mucho a chingar a su madre. . ." (ibid., 392).

[120]A pesar de su frecuencia, no aparece en Santamaría. Aun más sorprendente, tampoco se registra en los libros de Trejo (*Diccionario etimológico*) y Coltharp (*The Tongue*), obras dedicadas al estudio de la lengua en aquellos sectores populares donde

más entran en juego tales expresiones. Kany ignora las obvias implicaciones de la expresión al clasificarla bajo "la prostitución" (*Am.-Sp. Euph.*, 170-171).

[121]Esta expresión encuentra su equivalencia en el inglés de los Estados Unidos en fórmulas injuriosas como "Fuck you!" y "Mother fucker!" (literalmente, 'abusador de tu madre').

[122]Incluso se ha formado una especie de metalenguaje popular referente a las injurias señaladas. "Mentar la madre" o "echar madres" significa 'insultar con expresiones que evocan la figura materna'. "Lo miré muy feo y le menté la madre" (Lewis, *Los hijos*, 207). ". . .siguió echando madres. . ." (Leñero, *Los albañiles*, 221). Las "mentadas de madre" son las expresiones mismas: ". . .desde fuera sólo se oían ayes y mentadas de madre" (Lewis, *Los hijos*, 227). De hecho, basta el uso del verbo "mentar" para que se entienda la referencia a la expresión ("se las mentaba", "te la mientan"). Y "recordársela (a alguien)", "recordarle (a alguien) el diez de mayo" (el día de la madre) o "recordarle (a alguien) su árbol genealógico" son eufemismos empleados referentes al acto de insultar con expresiones del tipo señalado.

[123]Hay otras variantes deformadas de la fórmula injuriosa, pero no se pueden considerar eufemismos porque son fácilmente reconocibles por los hablantes. Por ejemplo, "Y si cualquier me dice 'chin tu ma', y le digo 'chin cien más' " (Lewis, *Los hijos*, 36).

[124]De vez en cuando se emplea la variante peninsular: "Bueno, pues, ¡hijo de puta! ya está dado el hombre, ya está rajado. ¿Para qué lo golpeas?" (Lewis, *Los hijos*, 389).

[125]Ocasionalmente se oye también la injuria "¡Me cago en tu puta madre!", aunque es más común en otros países hispanohablantes. "Y puto. ¡Hijo de tu puta madre! O me cago en tu puta madre" (Leñero, *Los albañiles*, 109).

[126]También se utiliza el sustantivo como simple forma elíptica de la expresión: "Estos jijos son irredimibles" (Valadés, *La muerte*, 9).

[127]Hay una fórmula similar en el inglés de los Estados Unidos. "Son of a bitch" significa 'hijo de perra', pero tiene las mismas implicaciones que la injuria mexicana.

[128]". . .cuando se me hinchen [los huevos (los testículos)] = 'cuando me enojo'.

[129]De hecho su empleo en tales expresiones es tan extenso que el término "madre" se evita en la conversación diaria. Se sustituye con los eufemismos "mamá", "jefa" o "patrona".

[130]En años recientes se ha empleado el término "padre" en el habla juvenil con el mismo significado. "Oye, Tomás, la fiesta fue bien padre" o ". . .a todo padre".

[131]En Santo Domingo "abusador" ('el que viola a la mujer') se considera un grave insulto (Jiménez, *Del lenguaje dominicano*, 138; Kany, *Am.-Sp. Euph.*, 197).

[131†]También se emplea la expresión "jalársela" con las acepciones 'exagerar', 'mentir' o 'hacer cosas extravagantes' ("¡No te la jales!"), y el verbo en forma refleja significa 'embriagarse'. Entre las pandillas mexicoamericanas de El Paso "un jale" es 'un trabajo' y "hacer jale" es 'engañar' o 'robar' (Coltharp, *The Tongue*, 201, 206). Es probable que la última expresión se inspira en el eufemismo inglés "to do a job" = 'robar'.

[132]En la península se sigue utilizando referente al acto físico además de sus sentidos figurados (Martín, *Dicc.*).

[133]Los dos verbos señalados se encuentran en lo que Stern ha denominado un "grupo correlativo" de expresiones (*Meaning and Change*, 203). Esas son formas cuyos significados tienen una asociación tal que los hablantes los perciben juntos.

[134]Coltharp sólo registra la acepción "hacer daño" y comenta que el término es "una mala palabra" (*The Tongue*, 209).

[135]El término inglés "fuck" ('copular', 'la cópula' y, por extensión metafórica, 'he-

Larry M. Grimes

rir, dañar, engañar, etc.' y 'molestar en forma exagerada') ha tenido un desarrollo semántico curiosamente análogo a su contraparte en el español de México. Data del inglés medio "fucken", y éste, o directamente del holandés medio "fokken" ('pegar' y 'copular'), o de un verbo arcaico alemán "fücken", con las acepciones 'pegar', 'moverse rápidamente' o 'penetrar'. Aparentemente las últimas dos formas son productos de la raíz indoeuropea "peig-" (pronunciada "feik-") que tenía el significado primitivo de 'cortar' (*American Heritage Dictionary*, 531, 1532). Partridge (*Origins*, 231) insiste que tanto el verbo alemán "ficken" ('hacer movimientos rápidos de un lado a otro' = 'copular'), como el inglés "fuck" datan de la forma "fücken", pero le postula un origen céltico. También ofrece la posibilidad de una raíz egipcia anterior, o sea la forma "petcha" ('copularse con') empleada referente al hombre.

[136]La explicación ofrecida por Santamaría es tan imaginativa como disparatada. "La acepción gitana, que es seguramente la que nosotros tenemos, parece la 'correcta', y la circunstancia de ser ofensiva entre los mismos Thugs y otras tribus asiáticas, de seguro ha contribuido a que nuestras plebes hayan heredado el disgusto hacia ella al grado de llegar a las manos y matarse entre sí los que la profieren o la reciben como una maldición. No parece desatinada, sino muy verosímil, la acepción de cópula que se le da en México y que se halla en muchos lexicógrafos, precisamente por significar cosa prohibida, bastarda y degradante, como sería cuanto proviniera de una tribu de ladrones, abigeos y prófugos de la justicia" (*Mej.*).

[137]El novelista mexicano Carlos Fuentes ha celebrado el término en la ya famosa "letanía de la chingada": "Tú la pronunciarás· es tu palabra: y tu palabra es la mía: palabra de honor: palabra de hombre: palabra de rueda: palabra de molino: imprecación, propósito saludo, proyecto de vida, filiación, recuerdo, voz de los desesperados, liberación de los pobres, orden de los poderosos, invitación a la riña y al trabajo, epígrafe del amor, signo del nacimiento, amenaza y burla, verbo testigo, compañero de la fiesta y de la borrachera, espada del valor, trono de la fuerza, colmillo de la marrullería, blasón de la raza, salvavida de los límites, resumen de la historia: santo y seña de México. . ." (*La muerte de Artemio Cruz*, 144-145).

[138]El mismo fenómeno aparece en el uso figurado del verbo inglés "fuck", cuyo objeto puede ser femenino o masculino.

[139]Y la forma refleja en el imperativo es común como fórmula de rechazo: "Si no quieres volver a casa, pues chíngate entonces".

[140]En Cuba es 'mirruña', 'cosa pequeña' (Santamaría, *Mej.*) y en Nicaragua, una carreta para conducir trozos, o la colilla de un cigarro (Castellón, *Dicc.*; Valle, *Dicc.*).

[141]Coltharp (*The Tongue*) también registra la forma "chingazo" en El Paso, Texas. Otros términos empleados en México con el mismo significado son "cabronazo", "carajazo", "carambazo", "fregadazo", "jodazo" y "putazo" (= 'un golpe cobarde', un derivado de la forma "puto" = 'homosexual').

[142]También es común la forma diminutiva "chingaderita" referente a una acción de poca monta, o un objeto sin valor.

[143]En su sentido recto 'una lagartija de cola larga, que habita ordinariamente en los cimientos de piedra' (Santamaría, *Mej.*). Data del nahuatl "tzintli" ('culo, ano', aplicado a los seres humanos, y también 'base', Robelo, *Dicc.*, 291) y "tetl" ('piedra').

[144]Los significados figurados de la forma señalada varían mucho en las varias regiones dialectales del continente. En Guatemala tiene las mismas acepciones que en México (Sandoval, *Semántica*), mientras en Cuba significa 'azotar, golpear' y 'ganar enteramente' (M. Alonso, *Enc.*). Para los otros usos del verbo en América véanse las obras siguientes: Cuervo, *Apuntaciones*, núm. 662; de Arona, *Dicc.*, 127; Ortúzar,

Dicc., 158; Del Solar, *Reparos*, 65; Rodríguez, *Dicc.*, 220; Cevallos, *Breve catálogo*, 67; Batres Jáuregui, *Provincialismos*, 293; Macías, *Dicc.*, 545.

[145]Sin entrar en una discusión sociológica de este fenómeno, citamos a Jesús Sánchez, protagonista de *Los hijos de Sánchez*, que ofrece una explicación clara y práctica del problema. "Bueno, voy a explicar que cuando uno anda de novio aquí en México. . .pues cree que la mujer lo quiere a uno, pero siempre tiene la desconfianza, el recelo de que no vaya a ser cierto. A través de cultivar las relaciones de novios. . .un día decimos 'dame la prueba de tu cariño; si en realidad me quieres ahorita te vas conmigo'. Nunca pude comprometerme a casarme por el civil, o por la Iglesia, nunca se me ocurrió, y esto pasa con casi todos los hombres y mujeres que conozco. Siempre he pensado que si una mujer me quiere y yo la quiero y queremos vivir el uno para el otro, los trámites legales qué importan. Y si la mujer me dice que le ponga casa y después nos casemos por la ley me hago el ofendido. . .Y en la clase pobre también hay la circunstancia de los centavos. Porque se pone uno a analizar lo que sale un casamiento, pos na' más no tiene uno para casarse. Entonces opta uno por vivir así nada más. . .Se lleva uno a la mujer. . .Además el pobre no tiene nada que dejarle a sus hijos, así que no hay necesidad de protegerlos legalmente. Si yo tuviera un millón de pesos, o una casa, una cuenta en el banco, bienes materiales, me casaría por el civil en seguida para legalizar a mis hijos como mis legítimos herederos. Pero las gentes de mi clase no tenemos nada" (ibid., 59-60).

[146]También hay variantes humorísticas como "irse a la Junta de Conciliación" y "asistir a la Junta" ('fornicar').

[147]Hay otra serie de variantes humorísticas referentes al coito que se basan en el sustantivo "ayuntamiento": "irse al ayuntamiento", "celebrar un ayuntamiento" y "formar un ayuntamiento" son de empleo común en el habla popular.

BIBLIOGRAFIA

Aberle, David F. "The Influence of Linguistics on Early Culture and Personality Theory". En Carneiro, Robert L. y Dole, Gertrude E. (eds.), *Essays in the Science of Culture in Honor of Leslie A. White*. Nueva York, 1960, págs. 1-29.

Acosta, María de Lourdes B. *Algunos aspectos del habla de Zacapoaxtla (estado de Puebla)*. México, D.F., 1963.

Acuña, Luis Alberto. "Diccionario de bogotanismos". *Revista de Folklore* (Bogotá), 7 (1951), 5-187.

Aguilar, José Raúl. *Los métodos criminales en México*. México, D.F., 1941 (págs. 185-218: "Diccionario del caló mexicano").

Alatorre, Antonio. "El idioma de los mexicanos". *Universidad de México*, X (1955-1956), núms. 2 y 3.

——————— "Postemio filológico". En Jiménez, A. *Picardía mexicana*. 37a ed. México, 1969, págs. 209-217.

Alcalá Veneslada, Antonio. *Vocabulario andaluz*. Madrid, 1951.

Alonso, Martín. *Enciclopedia del idioma*. 3 ts. Madrid, 1968 (primera reimpresión).

Alvarado, Lisandro. *Glosarios del bajo español en Venezuela*. Caracas, 1929.

American Heritage = *The American Heritage Dictionary of the English Language*. Morris, William (ed.). Nueva York, 1959.

Amor, Ricardo. *Diccionario del hampa*. México, 1947.

Anshen, Ruth Nanda (ed.). *Language: An Inquiry into Its Meaning and Function*. Nueva York, 1957.

Aramoni, Aniceto. *Psicoanálisis de la dinámica de un pueblo*. 2a ed. México, 1965.

Argüello Burunat, Laura. *El habla de Santa María Azompa (estado de Oaxaca)*. México, 1945.

Asch, Solomon E. "The Metaphor: A Psychological Inquiry". En Petrullo, L. y Tagiuri, R. (eds.), *Person Perception and Interpersonal Behavior*. Stanford, California, 1958.

Atkins, John y Wallace, Anthony. "The Meaning of Kinship Terms". *American Anthropologist*, 62 (1960), 58-60.

Baldinger, Kurt. *Teoría semántica: hacia una semántica moderna*. Madrid, 1970.

Balken, E.R., et.al. *Psicología semántica y patología del lenguaje*. Buenos Aires, 1956.

Bally, Charles. *El lenguaje y la vida*. Trad. por Alonso, Amado. 3a ed. en español. Buenos Aires, 1957.

Baralt, Rafael M. *Diccionario de galicismos*. Madrid, 1885.

Barcía, Roque. *Diccionario general etimológico*. Buenos Aires, 1945.

Barker, George C. *Pachuco: An American Spanish Argot and Its Social Function in Tucson, Arizona*. Tucson, Arizona, 1950.

——————— "The Social Function of Language". *Etc: A Review of General Semantics*, 2 (1945), 228-234.

Bibliografía

Barrera Vázquez, Alfredo. "Mayismos y voces mayas en el español de Yucatán". *Investigaciones Lingüísticas*, IV (1937), 9-35.

Barthes, Roland. *Mythologies*. París, 1954.

Bataille, Georges. *Death and Sensuality: A Study of Eroticism and the Taboo*. Nueva York, 1969.

Batres Jáuregui, Antonio. *Provincialismos de Guatemala*. Guatemala, 1892.

Beinhauer, Werner. *El español coloquial*. Versión española de Huarte Morton, Fernando. 2a ed. aumentada y actualizada. Madrid, 1968.

_____ *Spanischer Sprachhumor*. Bonn, 1932.

Bejar Navarro, Raúl. *El mito del mexicano*. México, UNAM, 1968.

Besses, Luis. *Diccionario de argot español*. Barcelona, s.f.

Bettelheim, Bruno. *Symbolic Wounds: Puberty Rites and the Envious Male*. 2a ed. Nueva York, 1968.

Black, Max (ed.). *The Importance of Language*. Englewood Cliffs, Nueva Jersey, 1962.

Bloomfield, Leonard. *Language*. Nueva York, 1961.

Boas, Franz. *Race, Language and Culture*. Nueva York, 1940.

Boggs, R.S. "Términos del lenguaje popular y caló de la capital de Méjico". *Boletín de Filología* (Santiago de Chile), VIII (1954-1955), 35-43.

Bonfante, G. "Etudes sur le tabou dans les langues Indo-Européenes". *Mélanges de linguistique offerts à Charles Bally*. Ginebra, 1939, págs. 195-207.

Bonilla Amado, José. *Jerga del hampa*. Lima, 1956.

Borrow. George. *The Zincali: An Account of the Gipsies of Spain*. Londres, 1907.

Boyd-Bowman, Peter. *El habla de Guanajuato*. México, 1960.

Braddy, Haldeen. "Narcotic Slang Along the Mexican Border". *American Speech*, XXX (1955), 84-90.

_____ "Smugglers' Argot in the Southwest". *American Speech*, XXXI (1956), 96-101.

_____ "The Pachucos and Their Argot". *Southern Folklore Quarterly*, XXIV (1960), 225-271.

Bréal, Michel. *Essai de sémantique: science des significations*. 5a ed. París, 1921.

Briffault, Robert. *The Mothers: A Study of the Origins of Sentiments and Institutions*. 3 ts. Nueva York, 1927.

Britton, Karl. "Language: Public and Private". *The Monist*, 45 (1935), 1-59.

Brown, James W. "Malice and Metaphor: Youth's New Slang in Lima". En Taylor, Philip B., Jr. (ed.), *Contemporary Latin America: A Selection of Papers Presented at the Fourth Annual Conference on Latin America*. University of Houston, 1970, págs. 14-18.

Brown. Lawrence K. *A Thesaurus of Spanish Idioms and Everyday Language*. Nueva York, 1945.

Bruneau, Charles. "Euphémie et euphémisme". En *Festgabe E. Gamillscheg*. Tubingen, 1952, págs. 11-23.

Bühler, Karl. *Teoría del lenguaje*. Trad. por Marías, Julián. 2a ed. en español. Madrid, 1967.

Burke, W.J. *The Literature of Slang*. Nueva York, 1939.

Cabaza, Berta; Cerda, Gilberto y Farias, Julieta. *Vocabulario español de Texas*. Austin, Texas, 1953.

Calverton, V.F. *Sex Expression in Literature*. Nueva York, 1926.

Campos, Rubén M. *El folklore literario de Méjico*. México, 1925.

_____ *El folklore musical de las ciudades*. México, 1930.

Larry M. Grimes

Carbajo, Antonio. *Spanish Proverbs—refranes españoles.* Miami, 1965.

Cárdenas, Daniel M. *El español de Jalisco.* Madrid, 1967.

Carnap, Rudolf. *Introduction to Semantics and Formalization of Logic.* Cambridge, Mass., 1968.

Carneiro, Robert L. Véase Aberle, D.F., "The Influence. . ."

Carnoy, A. J. *La science du mot: traité de sémantique.* Louvain, 1927.

Carreter, Fernando L. *Diccionario de términos filológicos.* Madrid, 1962.

Casasola C., José. *Dichos mexicanos: explicaciones y comentarios.* Madrid, 1962.

Cassirer, Ernst. *Antropología filosófica.* Trad. de Imaz, Eugenio. México y Buenos Aires, 1965.

——————— *Language.* Trad. de Manheim, Ralph. Yale University Press, New Haven y London, Conn., 1968.

Castellón, Hildebrando A. *Diccionario de nicaraguanismos.* Managua, 1939.

Castillo Nájera, Francisco. *El gavilán.* México, 1939.

Castro, Américo. *La peculiaridad lingüística rioplatense.* 2a ed. Madrid, 1961.

Casullo, Fernando Hugo. *Diccionario de voces lunfardas y vulgares.* Buenos Aires, 1964.

Cela, Camilo José. *Diccionario secreto, I: series COLEO y afines.* Madrid y Barcelona, 1969.

Cerda, Gilberto. Véase Cabaza, Berta, *Vocabulario. . .*

Cevallos, Pedro Fermín. *Breve catálogo de errores en orden a la lengua y al lenguaje castellano.* Quito, 1904.

Coltharp, Lurline. *The Tongue of the 'Tirilones': A Linguistic Study of a Criminal Argot.* University of Alabama, 1965.

Corominas, Juan. *Diccionario crítico etimológico de la lengua castellana.* 4 ts. Madrid, 1954-1957.

Cortelazzo, M. "Valore attuale del tabu linguistico magico". *Revista di Etnografia,* VII (1953), 13-29.

Cortichs de Mora, Estrella. *El habla de Tepozotlán.* México, 1951.

Correa, Gustavo. *El espíritu del mal en Guatemala: ensayo de semántica cultural.* Nueva Orleans, 1955.

Cuervo, Rufino José. *Apuntaciones críticas sobre el lenguaje bogotano.* 6a ed. París, 1914.

——————— *Obras completas.* 2 ts. Bogotá, 1954.

Chabata, Carlos G. *Diccionario de caló: el lenguaje del hampa en México.* Guadalajara, Jalisco, 1956.

Chafe, Wallace (ed.). *Aspects of Language and Culture* (Proceedings, American Ethnological Society, Washington, D.C., 1962). Seattle, Washington, 1963.

Da Silva Correia, João. "O eufemismo e o disfemismo na língua e na literatura portuguesa". *Arquivo da Universidad de Lisboa,* XII (1927), 445-787.

Dávila Garibi, José Ignacio. *Del nahuatl al español.* Instituto Panamericano de Geografía e Historia, s.f.

De Arona, Juan. *Diccionario de peruanismos.* Lima, 1882.

De Castro, Josué. *Fisiologia dos tabus.* Lisboa, 1938.

De Covarrubias, Sebastián. *Tesoro de la lengua castellana.* Barcelona, 1943.

De León, Aurelio. *Barbarismos comunes en México.* México, 1937.

De Quindalé y Sales Mayo, Francisco. *Epítome de gramática gitana y diccionario caló castellano.* Madrid, 1870.

De Toro y Gisbert, Miguel. *Americanismos.* París, 1912.

De Usandizaga y Mendoza, Pedro. *El chingolés.* México, 1972.

Del Paso, Fernando. *José Trigo.* 3a ed. México, Argentina y España, 1969.

Del Solar, Fidelis P. *Reparos al diccionario de chilenismos de Rodríguez.* Santiago de Chile, 1876.

Díaz-Guerrero, Rogelio. *Estudio de la psicología del mexicano.* 3a. ed. México, 1968.

_____ "Mexican Assumptions About Interpersonal Relations, etc.". *A Review of General Semantics,* XVI, núm. 2 (1959).

_____ "Neurosis and the Mexican Family Structure". *American Journal of Psychiatry,* 112, núm. 6 (1955), 411-417.

Dole, Gertrude. Véase Aberle, D.F., "The Influence. . ."

DRAE = *Diccionario de la Real Academia Española.* 18a ed. Madrid, 1956.

Duarte, *Dicc.* Véase Ramos I Duarte, Félix. *Diccionario de mejicanismos.*

Ellis, Albert. *The Folklore of Sex.* Nueva York, 1961.

Ellis, Havelock. *The Revaluation of Obscenity.* París, 1931.

Elmendorf, W.W. "Word-taboo and Lexical Change in Coast Salish". *International Journal of American Linguistics,* 17 (1951), 205-208.

Emeneau, Murray B. "Taboos on Animal Names". *Language,* XXIV (1948), 56-63.

_____ "Toda Marriage Regulations and Taboos". *American Anthropologist,* 39 (1937), 103-112.

Ernst, Morris L. y Seagle, William. *To the Pure: A Study of Obscenity and the Censor.* Nueva York, 1928.

Espinosa, Aurelio M. *Estudios sobre el español de Nuevo México.* Biblioteca de Dialectología Hispanoamericana. Buenos Aires, 1946.

Estrich, Robert M. y Sperber, Hans. *Three Keys to Language.* Nueva York, 1952.

Evans-Pritchard, E.E. "The Intellectualist Interpretation of Magic". *Bulletin of the Faculty of Arts* (Cairo), t. 1, parte 2 (1933a).

Farías, J. Véase Cabaza, Berta, *Vocabulario.* . .

Farmer, John S. y Henley, W.E. *Slang and Its Analogues Past and Present.* 7ts. Londres, 1890-1904.

Firth, Raymond (ed.). *Man and Culture: An Evaluation of the Work of Bronislaw Malinowski.* Londres, 1957.

Fitch, Robert E. "La mystique de la merde". *New Republic,* 135 (1956), 17-18.

Flexner, Stuart B. y Wentworth, Harold. *The Pocket Dictionary of American Slang.* Nueva York, 1968.

Focault, Michel. *Las palabras y las cosas.* Trad. por Frost, Elsa Cecilia. México, Argentina y España, 1968.

Fox, Robin. "Totem and Taboo Reconsidered". En Leach, Edmund (ed.), *The Structural Study of Myth and Totemism.* Londres, 1967, págs. 161-167.

Frazer, Sir James George. *Aftermath.* Tomo suplementario de *The Golden Bough.* 3a ed. Nueva York, 1937.

_____ "Taboo". *The Encyclopedia Britannica.* 9a ed. Londres, 1875.

_____ *Taboo and the Perils of the Soul.* Tomo 3 de *The Golden Bough.* 3a ed. Nueva York, 1937.

Frenk Alatorre, Margit. "Designaciones de rasgos físicos personales en el habla de la ciudad de México". *Nueva Revista de Filología Hispánica,* VII (1953), 134-156.

Freud, Sigmund. *Totem y tabú.* Tomo 8 de *Las obras completas de Sigmund Freud.* Trad. por López-Ballesteros, Luis. México, s.f.

Friederici, Georg. *Amerikanistisches Wörterbuch.* Hamburgo, 1947.

Fryer, Peter. *Mrs. Grundy: Studies in English Prudery.* Nueva York, 1964.

111

Larry M. Grimes

Fromm, Erich. "Symbolic Language of Dreams". En Anshen, Ruth Nanda (ed.), *Language: An Inquiry into Its Meaning and Function.* New York, 1957, págs. 188-200.

Fuentes, Carlos. *La muerte de Artemio Cruz.* 3a ed. México, 1967.

——————— *La región más transparente.* 4a reimpresión. México, 1969.

Gaarder, Alfred Bruce. *El habla popular y la conciencia colectiva.* México, 1954.

——————— "Notes on Some Spanish Terms in the Southwest". *Hispania,* 27 (1944), 330-334.

Gagini, Carlos. *Diccionario de barbarismos y provincialismos de Costa Rica.* San José de Costa Rica, 1892.

Galli De' Paratesi, Norma. *Semantica dell'eufemismo.* Giapichelli, Torino, 1965.

García de Diego, Vicente. *Diccionario etimológico español e hispánico.* Madrid, 1954.

García Icazbalceta, Joaquín. *Vocabulario de mexicanismos, comprobado con ejemplos y comparado con los de otros países hispanoamericanos.* México, 1899.

Garibay, K., Angel María. *Llave del nahuatl.* 2a ed. México, 1961.

Garzón, Tobías. *Diccionario argentino.* Barcelona, 1910.

Gleason, H.A. *An Introduction to Descriptive Linguistics.* Nueva York, 1967.

González Moreno, J. *Etimologías del español: esquema de un estudio diacrónico del vocabulario hispano-mexicano.* 2a ed. México, 1942.

González Pineda, Francisco. *El mexicano. Psicología de su destructividad.* 4a ed. México, 1968.

Graves, Robert. *The Future of Swearing and Improper Language.* Londres, 1936.

Greenberg, Joseph H. "The Logical Analysis of Kinship". *Philosophy of Sciences,* 16 (1949), 58-64.

——————— *Universals of Language.* Cambridge, Mass., 1963.

Griffith, Beatrice. "Glossary: Spanish and Pachuco Words Used in the Book". En *American Me.* Boston, Mass., 1948, págs. 310-318.

Grootaers, W.A. "Quelques tabus linguistiques". *Orbis,* 1 (1952).

Guérios. Véase Mansur Guérios, Rosário Farâni. *Tabús lingüísticos.*

Guiraud, Pierre. *La semántica.* Trad. por Hassler, Juan A. 2a ed. México, 1965.

Guzmán, Martín Luis. *Las memorias de Pancho Villa.* 11a ed. México, 1968.

Haas, Mary R. "Interlingual Word Taboo". En Hymes, Dell (ed.), *Language in Culture and Society.* Nueva York, 1964.

Hall, Edward T. *The Silent Language.* Greenwich, Conn., 1968.

Havers, Wilhelm. *Neuere Literatur zum Sprachtabu.* Akademie der Wissenschaf in Wien; Sitzungsberichte, 223, Band V (Abhandlung).

Hayakawa, S.I. *Language in Thought and Action.* 2a ed. Londres, 1966.

Hayden, Marie Gladys. "Terms of Disparagement in American Dialect Speech". *Dialect Notes,* 4 (1915), 194-223.

Henle, Paul (ed.). *Language, Thought and Culture.* Ann Arbor, Michigan, 1958.

Henríquez Ureña, Pedro (ed.). *El español en México, los Estados Unidos y la América Central.* Biblioteca de Dialectología Hispanoamericana, Busnos Aires, 1938.

Henry, Jules. "The Linguistic Expression of Emotion". *American Anthropologist,* 38 (1936), 250-256.

Hertzler, J.O. "Toward a Sociology of Language". *Social Forces,* 32 (1953), 109-119.

Hockett, Charles F. *A Course in Modern Linguistics.* Nueva York, 1960.

Hoenigswald, Henry M. *Language Change and Linguistic Reconstruction.* Chicago, 1960.

Hoijer, Harry. *Language in Culture.* Chicago, 1964.

Bibliografía

Hoijer, Harry. "The Relation of Language to Culture". En Kroeber, A.L., et. al., *Anthropology Today*. Chicago, 1953, págs. 554-573.

Hotten, J.C. *The Slang Dictionary; or, The Vulgar Words, Street Phrases and 'Fast' Expressions of High and Low Society*. Londres, 1965.

Huxley, Aldous. "Words and Their Meanings". En Black, Max (ed.), *The Importance of Language*. Englewood Cliffs, Nueva Jersey, 1962.

Hymes, Dell (ed.). *Language in Culture and Society*. Nueva York, Evanston, Ill. y Londres, 1964.

Iribarren, J.M. *El porqué de los dichos*. 2a ed. Madrid, 1956.

Islas Escarcega, Leovigildo. *Vocabulario campesino nacional: objeciones y ampliaciones al vocabulario agrícola nacional*. México, 1945.

Iversen, William. "A Short History of Swearing". *Playboy*, 8 (1961), 101 y ss.

Jakobson, Roman. "Linguistics and Poetics". En Sebeok, T.A. (ed.), *Style in Language*. Cambridge, Mass., 1960.

Janis, Irving L. "Meaning and the Study of Symbolic Behavior". *Psychiatry*, 6 (1943), 425-439.

Jespersen, Otto. *Language: Its Nature, Development and Origin*. Londres, 1922.

——————— *Mankind, Nation and Individual From a Linguistic Point of View*. Bloomington, Indiana, 1946.

——————— *The Philosophy of Grammar*. Londres y Nueva York, 1924.

Jiménez, A. *Picardía mexicana*. 37a ed. México, 1969.

Jiménez, R. Emilio. *Del lenguaje dominicano*. Ciudad Trujillo, 1941.

Joesten, Joachim. "Calling Names in Any Language". *American Mercury*, 36 (1935), 483-487.

Joffe, Natalie. "The Vernacular of Menstruation". *Word*, 4 (1948), 181-186.

Johnson, Burges. "The Everyday Profanity of Our Best People". *Century Magazine*, 92 (junio 1916), 311-314.

——————— *The Lost Art of Profanity*. Indianapolis y Nueva York, 1948.

——————— "Modern Maledictions, Execrations and Cusswords". *North American Review*, 238 (1934), 467-471.

Johnson, Falk. "The History of Some 'Dirty' Words". *American Mercury*, lxxi, núm. 323 (1950), 538-545.

Jung, C.G. *Symbols of Transformation: An Analysis of the Prelude to a Case of Schizophrenia*. 2 ts. Trad. por R.F.C. Hull. Nueva York, 1956.

Kany, Charles E. *American-Spanish Euphemisms*. Berkeley y Los Angeles, 1960.

——————— *Semántica hispanoamericana*. Trad. por Escolar Bareno, Luis. Madrid, 1962.

Kercheville, F.M. "A Preliminary Glossary of New Mexican Spanish". *The University of New Mexico Bulletin*, V (1934).

Kroeber, A.L. *The Nature of Culture*. Chicago, 1952.

Lausberg, Heinrich. *Lingüística románica: fonética*. Madrid, 1956.

Leach, Edmund. "Anthropological Aspects of Language: Animal Categories and Verbal Abuse". En Lennenberg, Eric H. (ed.), *New Directions in the Study of Language*. Cambridge, Mass. 1967.

Legmon, Gershon. *Rationale of the Dirty Joke*. Nueva York, 1968.

Lehmann, Fr. Rudolf. *Die polynesischen Tabusitten*. Leipzig, 1930.

Leñero, Vicente. *Los albañiles*. 3a ed. Barcelona, 1969.

León Rey, José Antonio. *El lenguaje popular del oriente de Cundinamarca*. Bogotá, 1954.

Larry M. Grimes

Leslau, Wolf. "A Footnote on Interlingual Word Taboo". *American Anthropologist*, 54 (1952), 274 y ss.

Levy-Bruhl, Lucien. *How Natives Think*. Trad. por Clare, L.A. Londres, 1923.

—————— *Primitive Mentality*. Trad. por Clare, L.A. Londres, 1923.

Lévi-Strauss, Claude. *Arte, lenguaje, etnología: entrevistas con Georges Charbonnier*. Trad. por Aramburo, Francisco G. México, Argentina y España, 1968.

—————— *El pensamiento salvaje*. Trad. por Aramburo, Francisco G. México, 1964 (ed. de Breviarios, Fondo de Cultura).

—————— "Structural Analysis in Linguistics and Anthropology". En Hymes, Dell (ed.), *Language in Culture and Society*. Nueva York, Evanston, Ill. y Londres, 1964.

—————— *Structural Anthropology*. Trad. por Jacobson, Claire. Garden City, Nueva York, 1967.

—————— *Totemism*. Trad. por Needham, Rodney. Boston, 1963.

Lewis, C.S. "Four-letter Words". *Critical Quarterly*, III, núm. 2 (1961), 118-122.

Lewis, Oscar. *Los hijos de Sánchez*. 8a ed. en español. México, 1968.

—————— *Pedro Martínez*. México, 1966.

Lope Blanch, Juan M. *Vocabulario mexicano relativo a la muerte*. México, 1963.

Llorante Maldonado de Guevara, Antonio. *Estudio sobre el habla de la Ribera*. Salamanca, 1947.

Maccoby, Michael. "El carácter nacional mexicano". *Revista de Psicoanálisis, Psiquiatría y Psicología*, núm. 7 (1967), 41-52.

—————— *Social Change and Social Character in Mexico and the United States*. CIDOC Cuadernos, Cuernavaca, México, 1970.

Macías, José Miguel. *Diccionario cubano*. Veracruz, 1886.

Malaret, Augusto. "Voces afines". *Investigaciones Lingüísticas* V (1938), 55-66.

—————— "Los americanismos en el lenguaje literario". *Boletín de Filología* (Santiago de Chile), VII (1952-1953), 1-113.

—————— *Diccionario de americanismos*. 3a. ed. Buenos Aires, 1964.

Malinowski, Bronislaw. "The Language of Magic". En Black, Max (ed.), *The Importance of Language*. Englewood Cliffs, Nueva Jersey, 1962, 72-90.

—————— "The Problem of Meaning in Primitive Languages". En Ogden, C.K. y Richards, I.A. *The Meaning of Meaning*. Suplemento I. Nueva York, s.f., págs. 296-336.

Malmberg, Bertil. *La América hispanohablante: unidad y diferenciación del castellano*. Madrid, 1966.

Mansur Guérios, Rosário Farâni. *Tabús lingüísticos*. Río de Janeiro, 1956.

—————— "A magia da palavra". *Letras* (Curitiba), núm. 1 (1953).

Manuales Científicos (ed.). *Diccionario sexológico*. 2 ts. Nueva York, 1967.

Marett, R.R. "Taboo". *Encyclopedia of Religion and Ethics*, t. 12. Londres, 1932, págs. 181-185.

Marouzeau, J. "Le parler des gens moyens. Interdiction des convenances et tabou du sentiment". *Journal de Psychologie*, XXIV (1927), 611-617.

Martín, Jaime. *Diccionario de expresiones malsonantes del español*. Madrid, 1974.

Martínez Rivera, Francisco X. *Cosas y palabras en la industria y las fiestas de Guadalupe Yancuictlanpan (Estado de México)*. México, 1964.

Maurer, David W. "Prostitutes and Criminal Argots". *American Journal of Sociology*, 44 (1939), 546-550.

Bibliografía

McSpadden, George E. "Some Semantic and Philological Facts of the Spanish Spoken in Chilili, New Mexico". *The University of New Mexico Bulletin*, V (1934), 73-102.

Mead, Margaret. "Tabu". *Encyclopedia of the Social Sciences*, VII (1937), págs. 502-505.

Medina, J.J. *Chilenismos*. Santiago de Chile, 1928.

Miller, George A. y Smith, Frank (eds.). *The Genesis of Language: A Psycholinguistic Approach*. Cambridge, Mass., 1968.

Mills, C. Wright. "Language, Logic and Culture". *American Sociological Review*, 4 (1939), 670-680.

Mir y Nogueda, Juan. *Prontuario de hispanismo y barbarismo*. Madrid, 1903.

Mittner, L. "Tabu religiosi nelle lingue moderne". *Le Lingue Estere* (Milano), núm. 12 (1937).

Montagu, M.F.A. "On the Physiology and Psychology of Swearing". *Psychiatry*. t. 5, núm. 2 (1942).

Morris, Desmond. *El mono desnudo*. Trad. por Ferrer Aleu, J. Barcelona, 1970.

Nadel, S.F. "Morality and Language Among the Nupe". En Hymes, Dell (ed.), *Language in Culture and Society*. Nueva York, Evanston, Ill. y Londres, 1964.

Ogden, C.K. y Richards, I.A. *The Meaning of Meaning*. Nueva York, s.f.

Oroz, Rudolfo. "Reseña de Ch. E. Kany, 'American-Spanish Euphemisms' ". *Boletín de Filología* (Santiago de Chile), XIV (1962), 235-242.

_____ *El uso metafórico de nombres de animales en el lenguaje familiar y vulgar chileno*. Santiago de Chile, 1932.

Orr, J. "Le rôle destructeur de l'euphémie". *Cahiers de l'Association Internationale des Etudes Françaises* (1953), 167-175.

Ortúzar, Camilo. *Diccionario manual de locuciones viciosas*. 2a ed. Barcelona, 1902.

Otero, Carlos-Peregrín. *Evolución y revolución en romance*. Barcelona, 1971.

Padrón, Francisco. *El médico y el folklore*. San Luis Potosí, 1956.

Pareyón. *Los de hasta abajo*. 6a ed. México, 1965.

Partridge, Eric. *A Dictionary of Slang and Unconventional English*. Nueva York, 1938.

_____ *Origins*. 5a ed. revisada. 1971.

_____ *Slang Today and Yesterday*. 3a ed. Londres, 1950.

Patrón Peniche, Prudencio. *Léxico yucateco (barbarismos, provincialismos y mayismos)*. México, 1932.

Paz, Octavio. *El laberinto de la soledad*. 2a ed. México, 1959.

Pichardo, Esteban. *Diccionario provincial de voces cubanas*. La Habana, 1862.

Plomteux, H. "Tabou, pudeur et euphémisme. Notes marginales à propos de la 'Semantica dell'eufemismo' de Norma Galli de Paratesi". *Orbis*, 14 (1965), 23-26.

Pottier, Bernard. *Presentación de la lingüística: fundamentos de una teoría*. Trad. por Quilis, Antonio. Madrid, 1968.

_____ *Lingüística moderna y filología hispánica*. Madrid, 1968.

Quine, Willard Van Orman. *Word and Object*. Cambridge, Mass., 1964.

Rabanales, Ambrosio. "Recursos lingüísticos, en el español de Chile, de expresión de afectividad". *Boletín de Filología* (Santiago de Chile), IX (1958), 205-297.

Radcliffe-Brown, A.F. "Kinship Terminology in California". *American Anthropology*, 37 (1935).

_____ "Social Sanctions". *Encyclopaedia of the Social Sciences*, XIII (1933), págs. 531-534.

_____ *Structure and Function in Primitive Society*. Nueva York, 1952.

Larry M. Grimes

Ramírez, Santiago. *El mexicano. Psicología de sus motivaciones.* 5a ed. México, 1968.

Ramos, Samuel. *El perfil del hombre y la cultura en México.* México, 1968.

Ramos I Duarte, Félix. *Diccionario de mejicanismos. Colección de locuciones i frases viciosas.* México, 1895.

Ranson, Helen M. " 'Viles pochismos' ". *Hispania*, 37 (1954), 285-287.

Rincón Gallardo, Carlos. *El libro del charro mexicano.* 3a ed. México, 1960.

Roback, A.A. *A Dictionary of the International Slurs (Ethnophaulisms).* Cambridge, Mass., 1944.

Robe, Stanley L. *The Spanish of Rural Panama.* Berkeley y Los Angeles, 1960.

Robelo, Cecilio. *Diccionario de aztequismos.* 3a ed. México, s.f.

Robinson, W.P. *Language and Social Behaviour.* Londres, 1972.

Rod, Elgin. *El hampa.* México, 1955.

Rodríguez, Zorobabel. *Diccionario de chilenismos.* Santiago de Chile, 1875.

Rodríguez Herrera, Esteban. "El plebeyismo en Cuba". *Boletín de Filología* (Santiago de Chile), 8 (1954-1955), 407-437.

Rodríguez Marín, Francisco. *12,600 refranes más. . .no contenidos en la colección del maestro Gonzalo Correas ni en "Más de 21.000 refranes castellanos".* Madrid, 1930.

Rosaldo, Renato. "El léxico como reflejo de la psicología del mexicano". *Hispania*, 36 (1953), 67-70.

_____ . "A List of Slang and Colloquial Expressions of Mexico City". *Hispania*, 31 (1948), 437-445.

Rosenblat, Angel. *Buenas y malas palabras en el castellano de Venezuela.* 2a ed. Caracas y Madrid, 1960.

_____ . *La lengua y la cultura de Hispanoamérica. Tendencias lingüísticas.* Jena, 1933.

Roumagnac, Carlos. "Apuntes para la formación de un diccionario de caló mexicano". En *Los criminales en México: ensayo de psicología criminal.* México, 1904, págs. 376-382.

Rubio, Darío. *El jaripeo.* México, 1920.

_____ . *Mejicanismos de la Academia.* México, 1917.

_____ . *Nahuatlismos y barbarismos.* México, 1919.

_____ . *Refranes, proverbios y dichos y dicharachos mexicanos.* 2 ts. 2a ed. México, 1940.

Rulfo, Juan. *El llano en llamas.* 9a ed. México, 1969.

_____ . *Pedro Páramo.* 10a ed. México, 1969.

Saavedra, Alfredo M. "El 'caló' de la delincuencia y la expresión sexual". *Anuario de la Sociedad Folklórica de México*, 2 (1943), 23-28.

_____ . *Lo sexual en la expresión (vocabulario sexológico).* México, 1971.

Sagarin, Edward. *The Anatomy of Dirty Words: A Study of Taboo Words.* Nueva York, 1969.

Salazar García, Salomón. *Diccionario de provincialismos y barbarismos centroamericanos.* San Salvador, 1910.

Salillas, Rafael. *El delincuente español. El lenguaje.* Madrid, 1896.

Sandoval, Leandro. *Semántica guatemalense, o diccionario de guatemaltequismos.* 2 ts. Guatemala, 1941.

Santamaría, *Americanismos* = Santamaría, Francisco J. *Diccionario general de americanismos.* 3 ts. México, 1942.

116

Bibliografía

Santamaría, *Mej.* = Santamaría, Francisco, J. *Diccionario de mejicanismos.* México, 1959.

Sapir Edward. "Conceptual Categories in Primitive Languages". En Hymes, Dell (ed.), *Language in Culture and Society.* Nueva York, Evanston, Ill. y Londres, 1964.

—————— "Language as a Form of Human Behavior". *The English Journal,* 16 (1927), 421-433.

—————— *Selected Writings of Edward Sapir in Language, Culture and Personality.* Ed. por Mendelbaum, D.G. Berkeley y Los Angeles, 1951.

Saporta, Sol (ed.). *Psycholinguistics.* Nueva York, 1961.

Schaff, Adam. *Introducción a la semántica.* México, 1966.

—————— *Lenguaje y conocimiento.* México, 1967.

Schlauch, Margaret. *The Gift of Language.* Nueva York, 1955.

Segovia, Lisandro. *Diccionario de argentinismos, neologismos y barbarismos.* Buenos Aires, 1941.

Shortland, Edward. *Traditions and Superstitions of the New Zealanders.* Londres, 1854.

Skinner, B.F. *Verbal Behavior.* Nueva York, 1957.

Smal-Stocki, Roman. "Taboos on Animal Names in Ukrainian". *Language Journal of the Linguistic Society of America,* 26 (1950), 489-493.

Smith, William Robertson. "Bible". *Encyclopedia Britannica.* 3a ed. 1888.

—————— *Religion of the Semites.* 3a ed. Londres, 1894.

—————— *Lectures and Essays of William Robertson Smith.* Ed. por Black, George C. y Black, J.S. Londres, 1912.

Sobarzo, Horacio. *Vocabulario sonorense.* México, 1966.

Spitzer, Leo. *Essays in Historical Semantics.* Nueva York, 1948.

St. John-Stevas, Norman. *Obscenity and the Law.* Londres, 1956.

Steadman, J.M. "A Study of Verbal Taboos". *American Speech,* X, núm. 2 (1935), 93-103.

—————— "Language Taboos of American College Students". *English Studies* (Amsterdam), XVII, núm. 2 (1935), 81-91.

Steiner, Franz. *Taboo.* Londres, 1956.

Stern, Gustaf. *Meaning and Change of Meaning.* Bloomington, Indiana, 1931.

Stevenson, Charles L. "The Emotive Meaning of Ethical Terms". *Mind,* 46 (1937), 14-31.

Stone, Leo. "On the Principal Obscene Word of the English Language". *International Journal of Psycho-Analysis,* 35 (1954), 30-56.

Storz, George C. *Mexican Spanish.* San Diego, 1946.

Suárez, Constantino. *Vocabulario cubano.* La Habana, 1921.

Suárez, Víctor M. *El español que se habla en Yucatán.* Mérida, 1945.

Swadesh, Mauricio. *El lenguaje y la vida humana.* México, 1966.

Thomas, Northcote W. "Taboo". *Encyclopaedia Britannica.* 11a ed. 1910-1911.

Tiscornia, Eleuterio F. *La lengua de Martín Fierro.* Biblioteca de Dialectología Hispanoamericana, III. Buenos Aires, 1930.

Tobón Betancourt, Julio. *Colombianismos y otras voces de uso general.* 2a ed. Bogotá, 1953.

Trejo, Arnulfo D. "El argot como medio de expresión de la prosa mexicana". *Anuario de Letras.* Universidad Nacional de México, Facultad de Letras (1961), 173-179.

117

Larry M. Grimes

Trejo, Arnulfo D. *Diccionario etimológico latinoamericano del léxico de la delincuencia.* México, 1968.

Trier, Jost. *Der deutsche Wortschatz im Sinnbezirk des Verstandes.* Heidelberg, 1931.

——————. "Das sprachliche Feld. Eine Auseinandersetzung". *Neue Jahrbücher für Wissenschaft und Jugendbildung,* 10 (1934).

Ugarte, Miguel Angel. *Arquipeñismos.* Arequipa, Perú, 1942.

Ullmann, Stephen. *The Principles of Semantics.* 2a ed. Glasgow y Londres, 1957.

——————. *Semantics: An Introduction to the Science of Meaning.* Londres, 1967.

——————. *Lenguaje y estilo.* Trad. por Ruíz-Werner, Juan Martín. Madrid, 1968.

Ushenko, Andrew Paul. *The Field Theory of Meaning.* Ann Arbor, Michigan, 1958.

Valadés, Edmundo. *La muerte tiene permiso.* 5a ed. México, 1969.

Valle, Alfonso. *Diccionario del habla nicaragüense.* Managua, 1948.

Van Gennep, Arnold. *The Rites of Passage.* Trad. por Caffee, G.L. y Vizedom, M.B. Chicago, 1960.

——————. *Tabou et totémisme à Madagascar.* París, 1904.

Velasco Valdés, Miguel. *Refranero popular mexicano.* México, 1967.

——————. *Repertorio de voces populares en México.* México, 1967.

——————. *Vocabulario popular mexicano.* México, 1957.

Vendryes, Joseph. *Language: A Linguistic Introduction to History.* Trad. por Radin, Paul. Nueva York, 1925.

Vie, Léonce. *L'euphémisme.* París, 1905.

Vygotsky, L.S. *Thought and Language.* Trad. por Hanfmann, Eugenia y Vakar, G. Cambridge, Mass., 1967.

Wagner, Max Leopold. *Lingua e dialetti dell'America spagnola.* Florencia, 1949.

——————. "Ein Mexikanish-amerikanischer argot: das Pachuco". *Romantisches Jahrbuch,* 6 (1953-1954), 237-266.

——————. "Mexikanisches Rotwelsch". *Zeitschrift für Romanische Philologie,* 34 (1919), 513-550.

Wall, O.A. *Sex and Sex Worship: Phallic Worship.* Londres, 1919.

Walpole, Hugh R. *Semantics: The Nature of Words and Their Meaning.* Nueva York, 1941.

Watts, A.F. *The Language and Mental Development of Children.* Londres, 1946.

Webster, Hutton. *Taboo, A Sociological Study.* Stanford, 1942.

Weinreich, Uriel. "On the Semantic Structure of Language". En Greenberg, Joseph (ed.), *Universals of Language.* Cambridge, Mass., 1963, págs. 114-171.

Weisgerber, L. "Die Bedeutungslehre—ein Irrweg der Sprachwissenschaft". *Germanisch-Romanische Monatsscrift,* 10 (1927), 161-183.

——————. *Grundzuge der inhaltbezogenen Grammatik.* 3a ed. Düsseldorf, 1962.

——————. *Die sprachliche Gestaltung der Welt.* 3a ed. Düsseldorf, 1962.

Werner, Heinz. "A Study of Semantic Processes Through Experimental Data". *The Journal of General Psychology,* 1 (1954), 181-208.

——————. "Die Ursprünge der Metaphor". En Krueger, F. (ed.), *Estudios de psicología evolutiva,* cuaderno III, 1919.

Westermann, D. "Tabu und Sprache in Afrika". *Forschungen und Fortschritte* (Berlin), 5 (1940).

Wheelwright, Philip. *The Burning Fountain: A Study in the Language of Symbolism.* Bloomington, Indiana, 1954.

Whiting, J.W.M. *Totem and Taboo: A Re-evaluation.* Mass. Laboratory of Human Development, Harvard University, s.f.

Whorf, Benjamin Lee. *Language, Thought and Reality*. Nueva York y Londres, 1956.
_____ "Science and Linguistics". *The Technology Review*, XLII, núm. 6 (1940).
Williams-Hunt, P.D. Rider. "Comment on Interlingual Word Taboo". *American Anthropologist*, 54 (1952), 274-275.
Woodbridge, Hensley C. "Spanish in the American South and Southwest: A Bibliographical Survey for 1940-1953". *Orbis*, 2 (1954), 236-244.
Wundt, Wilhelm. *Die Sprache*. Ts. I y II de *Volkerpsychologie*. Leipzig, 1911.
Young, Kimball. "Language, Thought and Social Reality". En Young, Kimball (ed.), *Social Attitudes*. Nueva York, 1931, págs. 100-135.
Zamora Vicente, Alonso. *El habla de Mérida y sus cercanías*. Madrid, 1943.

INDICE DE PALABRAS

Indice de palabras

Indice de palabras

Indice de palabras

Indice de palabras

129

Indice de palabras

INDICE DE AUTORES

INDICE DE MATERIAS